원 페이지 비즈니스 모델

성공하는 비즈니스 모델 작성법

ONE PAGE

원 페이지 비즈니스 모델

BUSINESS MODEL

김정곤 지음

한국경제신문 *i*

비즈니스 모델은 모든 기업에서 필요하다. 대·중소기업은 신규시장 진출을 위한 매출 확대의 기회를 갖기 위해서, 스타트업은 창업 아이템을 확정하기 위해서 사용한다. 비즈니스 모델을 개발해 서비스를 출시한 후에도 6개월에서 1년이 지나면 시장환경의 변화에 의해 사업 방향을 수정하는 피봇팅(Pivoting)이 필요하다. 따라서 비즈니스 모델은 사업을 시작하기 전, 중, 후 모든 과정에서 사용되는 중요한 도구다.

"Simple is the best!"

빠르게 변하는 외부환경에 아이디어를 정리하기 위해 많은 시간을 빼앗겨버리면, 실행은 늦어질 수밖에 없다. 한 장에 핵심을 담은 비즈니스 모델은 신속한 의사결정에 도움을 준다.

잘 작성된 비즈니스 모델은 간결하며, 분량도 한 장이 가장 좋다. 한 장에 표현하지 못하는 아이디어는 아무리 많은 장 수의 종이를 사용하더라도 정리할 수 없다.

강의와 컨설팅을 통해 수천 명의 창업자를 만나 보았다. 하지만 대부분이 비즈니스에 대한 아이디어를 정확하게 전달하지 못했으며, 아이디어를 문서로 작성하는 것에 대한 어려움을 겪고 있었다.

이러한 분들을 위해 가장 쉽게 비즈니스를 설명할 수 있는 '비즈니스 플로우 작성법'을 연구했다. 비즈니스 플로우로 작성된 비즈니스 모델은 매우 직관적이며, 단시간에 아이디어를 정리할 수 있고 여러 이해관계자에게 자신의 생각을 전달할 수 있다.

비즈니스 플로우를 활용하면 고객의 핵심문제를 파악하고 해결방안을 제시하는 강력한 힘을 갖는다. 이러한 작성법이 여러분의 업무 시간을 줄이고 의사소통의 효율성을 가져다주는 핵심 기획 툴(Tool)로 활용되기를 바란다.

앞으로의 시대는 스마트폰과 4차 산업혁명으로 인해 더 많은 아이디어와 기획력이 요구하며, 빠른 실행력이 부족하면 도태될 수밖에 없다. 이 책을 통해 많은 독자들이 창의적인 비즈니스 모델을 수립하고 자신의 기획 역량을 한층 향상시킬 수 있는 계기가 되었으면 한다.

이 책이 출간되기까지 물심양면으로 도움을 주신 출판사 직원분들께 감사드리며, 틈날 때마다 서재에 앉아 자판을 두드리며 글쓰기에 전념하는 나를 항상 응원해주고 힘을 주는 가족들에게 특별한 감사를 전한다.

김정곤

차 례

퀀텀점프 시대의 도래

원 페이지

비즈니스

모　　델

변화의 속도를 인식하라

스마트한 세상에 모든 것이 빠르게 변하고 있다

ᴧᴨ 단축되는 제품수명 주기

과거에는 시장에 영향을 주는 요소가 많지 않았지만, 지금은 정치·경제·사회·문화 등의 복잡한 변수들이 서로 밀접하게 연결되어 있다. 작은 나라의 경제위기가 전 세계의 금융체계를 뒤흔들고, 미국 대통령의 트위터(Twitter) 한 줄이 국내 주식 시장에 막대한 영향을 미친다. 또한 유가, 원자잿값과 환율의 큰 변동 폭은 경제 시장을 불확실을 높이며 강대국의 무역 분쟁으로 글로벌 경제지표가 출렁이고 있다.

이와 같은 시대의 변화는 '제품수명주기(PLC, Product Life Cycle)'에도 큰 영향을 주었다. 제품수명주기는 한 제품이 시장에 출시되어 도입기, 성장기, 성숙기, 쇠퇴기를 겪으면서 사라지는 기간을 말한다.[1] 제품수명주기는 사람의 유아기, 청년기, 장년기, 노년기와 유사한 S자 모양을 갖고 있어 'S자 곡선'이라고도 한다.

과거에는 제품수명주기가 상당히 길었다. 신제품이 출시되었을 때 고객은 제품에 대해 잘 알지 못하기 때문에 소비성향이 높은 초기 소비자군이 가장 먼저 구매하고 점차 일반 고객으로 시장이 확대되면서 제품 판매가 증가했다.

하지만 현대사회는 과거의 제품수명주기와 비교하면 훨씬 짧아졌으며, 도입기에서 쇠퇴기까지 각각의 영역을 구분하는 것이 어려워졌다. 또한 유튜브(Youtube), 페이스북(Facebook), 인스타그램(Instragram) 등과 같은 소셜미디어(Social Media) 채널에 신제품이 소개되면서 출시 직후 곧바로 전 세계로 알려지는 경우가 많아졌다.

[제품수명주기의 비교]

[그림 1] 기존의 제품수명주기　　　　　[그림 2] 현대의 제품수명주기

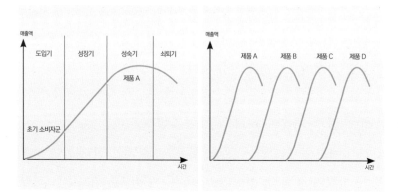

출처 : Levitt, T. (1965) Exploit the Product Life Cycle. Harvard Business Review 재구성

이러한 제품수명주기가 단축되는 현상으로 제품이나 서비스가 출시되면 곧바로 시장 반응을 살펴 후속 제품을 준비해야 한다. 스마트폰 시장에서는 매년 신제품들이 출시되고 있으며, 디자인과 기능이 바뀐 자동차들도 신모델 출시가 과거에 비해 빨라지고 있다. 그만큼 시대가 빠르게 변하고 있기 때문이다.

▪▮▮ 퀀텀점프의 시대가 도래하다

제품수명 주기가 단축되는 것보다 더 큰 문제는 제품의 수명이 다하기도 전에 새로운 시장이 형성되거나 기존 시장이 갑자기 사라지는 현상이 발생하고 있다는 것이다. 이것을 '퀀텀점프(Quantum Jump)'라고 한다.

퀀텀점프는 독일 물리학자 '막스 플랑크(Max Planck)'가 설정한 양자이론이다.[2] 퀀텀점프란, 아주 미세한 원자 단위의 세계에서 일어나는 현상으로 원자에 에너지를 가해주면 양자(量子)가 이동하게 된다. 이때 A 장소에 있던 양자가 갑자기 C 장소로 점프해 나타나는 것을 말한다. 정상적으로는 양자가 이동할 때 [그림 1]과 같이 점차적으로 A와 B를 거쳐 C에 도달해야 하는데, [그림 2]와 같이 순간적으로 A에 있던 양자가 B를 뛰어넘어 C까지 바로 도약하는 것이 퀀텀점프다.

[퀀텀점프]

[그림 1] A → B → C 이동   [그림 2] A → C로 점프

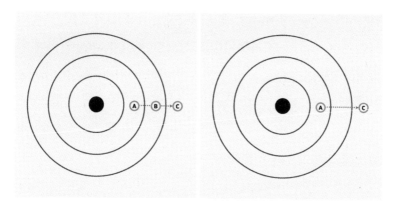

이러한 퀀텀점프 현상이 여러 산업 영역에서 발생하고 있다.

과거에는 하나의 제품이나 서비스가 점진적으로 개선되거나 부가적인 기능이 추가되면서 그 모습이 점차적으로 바뀌어나갔다. 하지만 지금은 상황이 달라져 그 제품이나 서비스가 갑자기 자취를 감추고 새로운 시장이 형성된다.

양자이론에서는 '에너지'가 퀀텀점프의 원동력이 되는데, 이것을 현재 시장에 적용하면 '기업의 기술력'과 '소비자의 기대 수준'이라고 말할 수 있다.

퀀텀점프의 원동력 = 기업의 기술력 + 소비자의 기대 수준

글로벌 기업에서 연구·개발한 첨단 기술들이 전 세계로 빠르

게 확산되면서 기존의 산업을 뛰어넘어 새로운 산업을 만들고 있다. 휴대용 문자수신기기 '삐삐'에서 시작된 이동통신 시장에서는 현재 '삐삐'를 찾아볼 수 없다. 그 대신 애플(Apple)에서 시작된 스마트폰을 전 세계인이 사용하듯이 기업의 기술력이 이동통신의 산업 구조를 바꾸어놓고 있다.

또한, 과거와 비교하면 학력 수준이 높아져 대학 졸업생의 비중이 증가했다. 대학 졸업생의 증가는 소비자의 지식 수준을 향상시켰고, 대중매체 외에 정보를 습득할 수 있는 채널들도 확대되고 있다. 이런 변화의 과정에서 실시간 다양한 제품을 비교하고 정보를 검색할 수 있는 소비자의 눈높이와 기대 수준은 상승되었다. 이처럼 기술의 발전과 소비자의 기대 수준 향상으로 여러 산업 분야에 퀀텀점프는 현재도 지속되고 있으며, 점프하는 시간도 짧아지고 있다.

ꜱꜱ 음원 시장에서의 퀀텀점프

음원 시장을 살펴보면 레코드와 테이프가 순식간에 사라졌으며, 이를 대처하는 디지털 음원 시장이 새롭게 형성되었다. 디지털음원 시장은 새로운 비즈니스 플랫폼인 유튜브, 아이튠즈 등의 영향으로 또다시 점프를 시작했다.

한류열풍을 몰고 온 '싸이'와 '방탄소년단'은 유튜브를 통해 세계적인 가수가 되었다. 특히, 방탄소년단의 신곡 〈작은 것들을 위한 시)는 앨범 선주문이 300만 장을 넘었고, 유튜브에서 뮤직비디오 사상 가장 빠른 속도로 조회 수 1억 뷰를 돌파했다.[3] 이들의 노래를 따라 부르기 위해 영어권 국가에서 한국어 강의가 열리고, 콘서트 티켓을 구매하기 위해 수십 미터의 대기 행렬이 생겨나며 전날 밤 노숙을 하는 진풍경이 벌어졌다. 세계 음악 시장에서 방탄소년단의 인기를 실감할 수 있다.

방탄소년단의 소속사인 빅히트 엔터테인먼트(Bighit Entertainment)는 회사의 이름처럼 글로벌 '빅히트'를 쳐 유니콘 기업으로 성장했다.[4] 유니콘 기업은 기업가치가 10억 달러 이상이 되는 비상장기업을 말한다. 금융권에서는 빅히트 엔터테인먼트(Bighit Entertainment)의 기업 가치를 2.5조 원 이상으로 추정했다.[5] 이렇게 높은 기업가치가 산출된 이유는 방탄소년단이 광고를 위한 아무런 노력을 하지 않았기 때문이다. 광고를 하지 않더라도 수백만 장의 앨범이 판매되고 콘서트 티켓이 매진된다. 이렇게 광고비용이 발생되지 않기 때문에 엄청난 영업이익이 발생했다.

방탄소년단 인기와 매출은 전 세계 팬들의 자발적인 홍보와 콘텐츠 공유로 지속적으로 성장할 수밖에 없는 이상적인 구조를 갖추었다. 이 때문에 빅히트 엔터테인먼트가 환상의 유니콘으로 변신한 것이다.

10년 전에는 이러한 현상이 발생되는 것은 불가능했다. 음원시장이 디지털로 바뀌고 음악을 청취하는 MP3플레이어, PMP 등의 디바이스가 스마트폰으로 통합된 후, 스마트폰이 유튜브 플랫폼과 결합되면서 발생된 현상이다. 산업 간의 융·복합이 초현실적인 사회 현상을 만들고 있다.

퀀텀점프와 제품수명주기의 결합

지금까지 '제품수명주기'와 '퀀텀점프'에 대해 알아보았다. 퀀텀점프가 발생하는 이유는 '기업의 기술력'과 '소비자의 기대수준' 향상이 크게 작용한다. 현재는 새로운 시장으로 진입하는 퀀텀점프와 단축된 제품수명주기가 결합되고 있다.

이동통신 시장을 좀 더 들여다보자.

단방향 문자송신만 가능했던 휴대용 문자수신기기 '삐삐'에서부터 시작된 이동통신기기는 공중전화 근처에서 발신만 가능했던 시티폰(Cityphone)을 거쳐 휴대폰, 스마트폰 시장으로 점프하면서 현재에 이르렀다.

[이동통신 시장의 퀀텀점프]

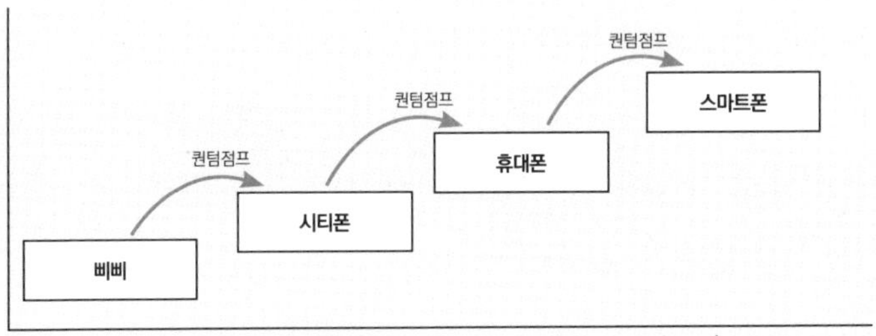

종이사전 시장은 어떤가?

수백 페이지로 구성된 무거운 종이사전은 작고 가벼운 전자사전이 출시되면서 자취를 감추었으며, 현재는 스마트폰과 융합되면서 전자사전마저도 주위에서 찾아볼 수 없게 되었다. 사전 시장 외에도 내비게이션, MP3, 카메라 등 여러 산업이 새로운 기술과 융합해 신규시장으로 점프를 하는 것을 볼 수 있다.

[이동통신과 사전 시장의 융합]

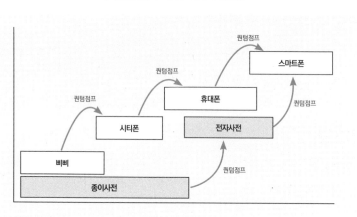

퀀텀점프 현상과 현재의 제품수명주기 곡선이 결합하면 다음과 같은 그래프가 형성된다. 과거에 제품수명주기 곡선이 길게 형성되어 시장에 출시된 제품이 장기간 판매되었지만, 현재 새롭게 생성된 시장에서는 제조사 간의 치열한 경쟁으로 제품의 수명주기는 단축되고 있다.

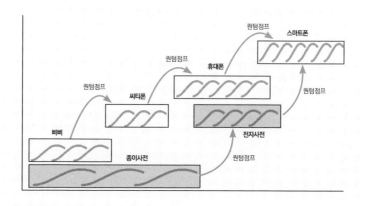

[퀀텀점프 시대와 제품수명주기 관계도]

기술의 발전과 소비 트렌드의 변화로 인해 새롭게 형성된 신시장으로 점프하지 못한 기업은 1차적으로 도태된다. 점프를 통해 새로운 시장에 진입했더라도 안심할 수 없다. 그 안에서의 제품수명주기는 더욱 짧아졌기 때문이다. 따라서 경쟁은 더 치열해지며 이곳에서 승리하지 못한 기업은 또다시 도태된다.

현재는 여러 산업이 서로의 경계가 사라지고 있으며, 퀀텀점프가 산업 분야를 넘어 진행되고 있다. 과거에 경쟁사로 여기지 않았던 기업들이 새롭게 시장에 진입하고 있다. 그 결과, 적절한 시기에 새로운 시장으로 점프를 하지 못한 과거에 명성이 높았던 많은 제조사들이 이제는 역사 속으로 사라지고 있다.

비즈니스는 지속적으로 진화한다

빠른 진화에 대비해 차별화된 비즈니스 모델이 필요하다

📊 비즈니스의 4차 산업으로의 진화

공동 구매자를 모아 싼 가격에 특정 제품을 판매하는 소셜커머스(Social Commerce)가 티켓몬스터를 선두로 폭발적으로 증가해 그 수만 700개가 넘었다.[6] 이렇게 많은 수의 사이트가 생겨나다 보니 소셜커머스 모음만을 정리해서 보여주는 '소셜커머스 모음 사이트'들이 생겨날 정도로 소셜커머스는 고성장을 이루었다. 다음은 초창기 국내 대표 소셜커머스의 목록이나.

[국내 대표 소셜커머스]

티켓몬스터(www.ticketmonster.co.kr)
위폰(www.wipon.co.kr)
데일리픽(www.dailypick.co.kr)

위메이크프라이스(www.wemakeprice.com)

바이러스(www.buyrus.co.kr)

쿠폰(www.kupon.co.kr)

쇼킹온(www.showkingon.com)

딜즈온(www.dealson.co.kr)

쿠팡(www.coupang.com)

키위(www.qiwi.co.kr)

반토막티켓(www.bantomak.co.kr)

원데이플레이스(www.onedayplace.com)

할인의 추억(www.couponmemory.com)

파티윈(www.partywin.co.kr)

이 중 현재까지 존재하는 기업은 몇 개나 될까?

급속하게 시장이 재편되면서 우리에게 친숙한 사이트 몇 개 외에는 대부분이 사라졌다. 소셜커머스 사이트 외에도 아이러브 스쿨(iloveschool),[7] 세이클럽(Sayclub),[8] 프리첼(Freechal),[9] 버디버디(Buddy-buddy)[10] 등 선풍적인 인기를 끌었던 사이트들도 시대의 변화를 극복하지 못하고 서비스가 종료되었거나 현재 명맥만 유지되고 있다.

반면에 4차 산업혁명으로 인한 기술의 발전, 최고의 교육수준, 고령화, 저출산 등의 인구통계학적인 변화가 세계에서 가장 빠른 우리나라는 의료, 금융, 교육 등 다양한 산업에서 신규 비즈니스들이 생겨나고 있다.

웨어러블 헬스케어(Wearable Health Care), 바이오 시큐리

티(Bio Security) 금융서비스, 개인 맞춤형 스마트러닝(Smart Learning), 드론(Drone) 위험관리 서비스 등 기존에 존재하지 않았던 새로운 분야가 개발되고 있다. 이러한 산업의 변화에 순응하지 못한 기업은 시장에서 도태되면서 비즈니스는 지속적으로 진화하고 있다.

.ıl 차별화된 비즈니스 모델의 필요성

스마트폰에서는 무수히 많은 앱이 있다. 무료 문자서비스인 카카오톡(Kakao Talk)은 기본이며 글로벌 소셜미디어 페이스북(Facebook), 인스타그램(Instrgram), 유튜브(Youtube) 등 소셜미디어 관련 앱, 은행 송금, 증권 거래와 같은 금융 관련 앱, 사진을 멋스럽게 만들어주는 앱에 이르기까지 다양한 어플(Application)들이 바탕화면에 자리 잡고 있다.

스마트폰의 여러 기능과 다운로드한 앱들의 학습이 끝나기도 전에 사물인터넷(IoT), 인공지능(AI), 가상현실, 드론(Drone), 3D프린터 등 4차 산업의 아이템들이 이미 우리 곁에 와 있다.

사회적으로 4차 산업혁명에 관한 관심들이 높아지고 있으며, 정부에서는 미래 성장 잠재력을 확보를 위해 투자를 아끼지 않고 있다. 올해 우리나라의 연구개발비는 연간 20조 원을 넘어섰으며, GDP 대비 연구개발비 비중은 세계 1위 수준이다.[11]

[정부연구개발 예산]

(단위 : 조원)

구분	'05	'10	'15	'19
연구개발 예산	7.8	13.7	18.9	20.4

출처 : e-나라지표, 정부연구개발 예산(2019)

이제는 주위에서 파랑색 번호판을 장착한 전기차를 쉽게 볼 수 있게 되었다. 전기차의 확산과 자율주행의 기술이 발전하면서 자동차 산업과 유류 산업에도 큰 변화를 주고 있다. 전기차를 충전할 수 있는 인프라가 늘어나고 있으며, 대형 마트와 편의점에서는 고객을 유치하기 위해 전기차 충전기를 설치하고 있다.

전기차의 비중이 증가하면 주유소가 큰 위기를 겪는다. 휘발유와 경유 등의 유류 사용이 줄어들면서 주유소의 수익은 감소될 것이며, 현재도 셀프주유소로 전환되면서 감소하고 있는 주유원은 미래에 사라지는 직업이 될 것이다.

자율주행과 차량 공유, 카풀 서비스가 확산되면 버스나 택시의 운전사도 급격하게 줄어들게 된다. 현재 고속버스에 QR코드 스캐너가 생겨나면서 검표와 매표소 직원의 수가 감소하고 있는 것을 보면 직업에서도 퀀텀점프가 동시다발적으로 발생하고 있다.

트렌드의 변화는 대형 서점에서도 쉽게 알 수 있다. 연초에 서점에서는 올해 성행하게 될 신산업을 소개하는 책이 날개 돋힌 듯 팔리고 있으며, 초기 창업기업이 비즈니스 아이디어만으로 실리콘밸리에서 거액의 투자를 받고 성공한 모습을 담은 책들이 베스트셀러로 판매되고 있다.

　사회가 빠르게 변화하는 가운데 현재에 멈추어 있는 기업은 퇴보하고 만다. 시대의 빠른 변화는 새롭고 다양한 문제점을 만들어내고, 이를 해결해야 하는 비즈니스 아이디어가 필요하게 된다. 마치 창과 방패와 같다. 사회적인 변화와 고객의 다양한 니즈(Needs)가 생겨나면 이를 만족시키는 새로운 비즈니스 모델이 생겨나고 있다.

　이렇듯 사회의 변화가 빠를수록, 경쟁이 치열해질수록, 경기가 어려울수록, 회사가 위기에 처할수록 더욱 빛나는 것은 바로 차별화된 비즈니스 모델이다.

오픈이노베이션은
선택이 아닌 필수

기업 외부에서 아이디어를 찾아라

📊 시장이라는 정글 속에서 치열한 생존 경쟁

빠른 시대의 변화에 의해 사라지고 있는 직업 중의 하나가 '사진사'다. 과거에는 '사진사는 눈 깜짝할 사이에 돈을 버는 직업이다'라는 난센스 퀴즈가 있을 정도로 인기가 많았다. 유명 관광지나 수학여행지에는 반드시 카메라를 목에 걸고 '코닥 필름'이라는 플래카드와 함께 관광객의 즐거움을 한 장의 사진으로 담아주었던 사진사는 어느새 지금은 추억 속의 직업이 되어버렸다. 20세기 필름카메라 시장을 독보적으로 선점해오던 코닥(Eastman Kodak)은 21세기에 접어들면서 필름카메라에서 디지털카메라로 변화하는 시장에 적응하지 못한 대표적인 회사로 전락하고 말았다.

놀랍게도 코닥은 세계 최초의 디지털카메라를 발명했다. 그러나 새로운 기술인 디지털카메라 사업에 나서지 않았다. 그 이유는 과거 약 100년 동안 시장에 1등 기업으로 자리를 잡았으며, 필름 기술에서 지속적으로 이윤을 남기기 원했기 때문에 디지털카메라에는 관심이 없었다. 오히려 디지털카메라 기술이 발전하면 기존 필름카메라 매출에 막대한 영향을 미칠 것을 예상하고, 필름카메라에 집중적으로 투자했다. 필름 시장만으로도 충분히 수익을 낼 수 있다고 단언했다. 하지만 아날로그 시장에서 디지털 시장으로 빠르게 바뀌면서 필름이 자취를 감추었다. 그 결과 필름 시장의 선두주자였던 코닥은 파산 위기를 겪게 되었다.

코닥 외에도 세계적인 선도기업들이 치열한 생존 경쟁에 뒤처져 몰락했다. 휴대폰 시장에서는 핀란드의 기업 '노키아(Nokia)'와 미국의 '모토로라(Motorola)'가 스마트폰 시장으로 점프하지 못해 쇠퇴했다. 가정용 TV가 대형으로 바뀌면서 액정디스플레이(LCD) 또한 빠르게 대형화되었다. 하지만 중소형 LCD에 집중하면서 변화를 따라가지 못했던 일본의 '샤프(Sharp)'도 비운의 기업이 되었다.

모든 기업은 창업 후부터 한순간도 쉬지 않는 마라톤을 시작한다. 선두 자리를 차지하기 위해 후발기업은 열심히 뛰어야만 한다. 모든 임직원은 선두기업과 차별화되는 핵심역량을 보유하기 위해 밤낮으로 노력할 수밖에 없다.

그럼 시장의 선두기업이 그 기쁨을 만끽하며 즐길 수 있을까? 여러 경쟁자들이 지속적으로 시장에 진입하면서 산업의 경쟁 강도는 커지게 된다. 시장 선두 기업은 지속 가능한 경쟁우위를 구축해 독점적인 지위를 확보하기 원한다. 또한, 선두기업은 언제 후발기업이 추월해 순위가 바뀔지 모르기 때문에 긴장을 늦출 수 없다.

이처럼 선두기업과 후발기업 모두 한 단계 도약할 수 있는 신규 비즈니스에 대한 열망은 증가할 수밖에 없다.

▪ⅠⅠ 오픈이노베이션은 선택이 아닌 필수!

오픈이노베이션(Open Innovation)은 미국 버클리대학의 헨리 체스브로(Henry Chesbrough) 교수가 그의 저서에서 소개했다.[12] 오픈이노베이션은 개방형 혁신으로 연구개발을 진행할 때 외부 아이디어를 적극적으로 활용해 리스크를 최소화하는 것이다. 과거에는 석·박사급의 고급인력을 채용해 연구개발 프로젝트를 3년 이상 진행하면 신제품을 개발하는 성과를 나타냈다. 하지만 현재는 기술의 발전이 예전에 비해 빨라졌고, 기술 트렌드의 방향성도 예측하기가 어렵다. 그 결과 3년 뒤에는 현재 연구하고 있는 기술보다 월등하게 좋은 기술이 개발되거나 전혀 다른 쪽으로 산업이 성장할 수 있다. 만약 그 예측이 어긋났을 때는 기존에 투자해 얻은 성과가 쓸모없게 되어 기업은 큰 손실을 감당해야 한다.

신제품 개발을 위한 비용을 간단히 산출해보자.

고급 연구개발 인력의 1인당 인건비를 1억 원이라고 가정할 경우 10명을 채용할 때, 연간 10억 원의 인건비가 소요된다. 여기에 연구를 위한 설비 구입비, 재료비, 관리비 등의 비용을 감안하면 연간 20억 원 정도가 더 필요하다. 따라서 연간 약 30억 원이 연구개발비로 사용된다. 이 사업을 3년 동안 진행하면 90~100억 원의 비용이 든다.

더욱 큰 문제는 100억 원의 자본과 3년의 시간을 투자했지만, 성공할 수 있는 확률은 그리 높지 않다는 것이다. 이렇게 많은 비용과 시간적인 리스크를 감당하는 것보다 이미 일정 수준의 기술을 보유한 기업을 인수하면 더 안전할 수 있다. 결국, '이미 비즈니스 모델이 검증된 스타트업(Startup)을 100억 원에 인수하는 것이 더 효과적이다'라는 결론이 나온다. 또한, 애플(Apple), 구글(Google), 아마존(Amazon) 등과 같은 글로벌 회사들이 주식 상장으로 대규모 자금을 보유하고 있으며, 매년 매출을 성장시켜 주주의 이익을 극대화하기 위한 신성장동력을 외부에서 찾고 있다. 이와 같은 이유로 미국 실리콘밸리에서는 매출이 전혀 없는 기업이지만, 혁신적인 비즈니스 모델로 성장 가능성이 큰 스타트업들이 고가에 인수되고 있다.

■ 글로벌 회사의 스타트업 인수 전쟁

구글(Google)은 혁신적인 비즈니스 모델을 보유한 신생 벤처 기업에 적극적으로 투자하고 있다. 구글은 2006년에 창업 1년이 안 된 유튜브(Youtube)를 약 16억 달러에 인수했다.[13] 당시 유튜브는 동영상 공유 비즈니스로 2명의 20대 청년이 창업했으며, 구글에 인수된 후 세계 최대 동영상 공유 서비스를 제공하는 플랫폼으로 성장했다. 페이스북(Facebook)은 창업 2년이 채 되지 않은 인스타그램(Instagram)을 10억 달러에 인수했다. 현재 인스타그램의 기업가치는 1,000억 달러를 넘어섰으며, 20~30대 여성이 가장 많이 사용하는 소셜미디어 플랫폼이 되었다.[14]

초기 스타트업을 인수하는 것이 비단 외국의 일만이 아니다. 국내에서도 기업 가치를 상승시키고 추가적인 매출을 확보하기 위해 자금의 여유가 있는 기업들이 스타트업을 빠르게 인수하고 있다. 카카오(Kakao)는 전문 투자 회사인 카카오벤처스(Kakaoventures)를 설립해 초기 단계의 스타트업에 집중적으로 투자 및 인수하고 있다. 유치원 알림장 앱 '키즈노트(Kidsnote)',[15] 네비게이션 앱 '김기사',[16] 자동차 외장수리 견적 앱 '카닥(Cardoc)',[17] 중고디지털기기 거래업체 '셀잇(Sellit)'[18] 등이 이에 해당한다.

오픈이노베이션에 대한 중요성은 정부에서도 인식하고 있으며, 경기침체와 실업률 증가를 창업지원을 통해 해답을 찾고 있다. 저출산과 고령화, 청년 실업, 경제성장률 저하 등의 사회적 문제를 해결할 수 있는 정책이 바로 '창업'이다. 창업 정책의 효과는 제조, 서비스, 유통, 교육, 의료 등 사회 전반적인 분야에 영향을 준다.

정부는 창업생태계의 활성화를 위해 연령별, 창업 시기별로 구분해 각각에 맞춘 지원책을 펼치고 있다. 만 39세 이하는 청년 창업 지원, 그 이상은 시니어(Senior) 창업 지원으로 구분했으며, 창업 시기별로는 예비 창업, 초기 창업, 실패를 경험한 재창업으로 나누어 시제품제작, 마케팅 지원, 금융 지원 등의 정책을 펼치고 있다. 대상 분야에서도 지식 창업, 기술 창업, 6차산업 창업 등으로 문화서비스, 지식콘텐츠에서부터 농업 및 수산업에 이르는 다양한 분야에 창업을 장려하고 있다. 그 외에도 국가 기관과 지자체는 수억 원의 상금을 내걸고 창업공모전을 진행하고 있으며, 중·고등학교 학생들에게 기업가정신과 창업교육을 진행하고 있다.

이러한 모든 창업교육 과정에서는 아이템의 경쟁력을 확보하기 위해 모델을 개발하는 프로그램이 반드시 포함되어 있으며, 성공 가능성이 높은 비즈니스 모델을 선발하여 정부창업지원금을 지급하고 있다. 지금 이 시간에도 창업전선에서는 수많은 스타트업들이 창의적인 비즈니스 모델이 개발하면서 실리콘밸리로의 진출을 준비하고 있다.

비즈니스 사고思考의 전환

고객이 스스로 돈을 내고 광고한다

▪ll 광고는 당연히 돈을 지불해야 한다?

네덜란드가 원산지인 세계적 맥주 브랜드 하이네켄(Heineken)은 140년이 넘는 세월 동안 많은 사람들에게 사랑받아온 맥주다. 다른 첨가물 없이 순수한 보리와 홉, 물 그리고 효모만을 사용해 만든 하이네켄은 그 맛이 부드러우면서도 달콤한 향이 나는 특징 때문에 전 세계 소비자들의 입맛을 사로잡고 있다.

네덜란드 암스테르담(Amsterdam)에 있는 하이네켄 양조장은 시설이 노후해서 지나다니는 사람들의 눈살을 찌푸리게 했다. 본사에서도 새로운 첨단 시설을 갖춘 양조장을 이미 건설했기 때문에 이 오래된 양조장을 큰 고민거리로 여겼다. 하지만 애물단지로 여겨졌던 양조장이 새로운 공간으로 탈바꿈되었다. 이것이 낡은 양조장을 하이네켄의 역사를 알리는 체험 전

시관으로 바꾸는 '하이네켄 박물관(Heineken Experience)' 프로젝트였다.

[공장을 관광 상품으로 비즈니스 전환]

낡은 양조장 ➡ 역사를 알리는 체험전시관

하이네켄은 오래된 양조장을 박물관으로 개조해 관광객을 대상으로 새로운 사업을 시작했고, 과거의 천덕꾸러기였던 양조장이 이제는 네덜란드에 방문했을 때 반드시 찾아가야 하는 필수 관광 명소로 자리매김했다. 현재 성인 1인이 18유로의 입장료를 지불해야 하는데, 인터넷에서 예약이 어려울 정도로 많은 사람이 몰리고 있다.[19]

결코 저렴하지 않은 입장료에도 불구하고 관광객이 왜 그토록 이 박물관을 찾는 것일까?

관광객은 입장료만 지불하면 입구에서 하이네켄 마크가 붙어 있는 팔찌를 받는데, 이 팔찌는 3가지 역할을 한다. 첫째는 입장권이며, 둘째는 무료 맥주를 마실 수 있는 시음권이고, 마지막으로 관광 기념품으로 사용된다. 관광객들은 박물관에서 하이네켄의 역사를 알 수 있고 맥주 만드는 제조법 설명을 들으며, 직접 제조할 수 있는 다양한 체험 프로그램에도 참가할 수 있다. 각각의 코너에는 직원들이 친절하게 시청각 자료들을 소개하며 놀이기구도 체험할 수 있어 박물관은 즐거움이 가득하다.

박물관의 마지막 단계에서는 바(Bar)에서 화려한 조명과 음악이 흘러나온다. 지금 막 생산된 시원한 맥주를 마시고 세계에서 온 다양한 관광객들과 대화할 수 있어 그 분위기는 최고조에 이른다. 체험장에서는 관광객들에게 무료로 사진을 찍어주며, 이 사진들은 박물관에 설치된 컴퓨터를 통해 이메일로 바로 전송된다. 관광객들은 현장의 생동감을 곧바로 온라인으로 주위 친구, 가족, 연인들에게 알려주고, 페이스북, 인스타그램과 같은 소셜미디어 사이트에 사진을 업로드해 순식간에 자신과 연결된 온라인 네트워크로 퍼져나간다. 하이네켄은 입장료를 내고 들어온 고객에게 기쁨을 선사해 그들로 하여금 자연스럽게 광고를 하게 만드는 것이다.

'광고에는 당연히 돈을 지불해야 한다'는 기본 사고를 깨고 하이네켄은 오히려 고객들에게 돈을 받고 자사 제품과 브랜드를 광고한다. 이곳에서는 단지 맥주뿐만 아니라 자사의 다양한 제품들이 전시되어 고객들에게 판매된다. 가방, 옷, 신발, 열쇠고리, 병따개, 마우스, USB 등 셀 수도 없을 만큼 다양한 제품이 전시되어 있다. 당연히 모든 제품에는 하이네켄 브랜드가 새겨져 있어 제품을 구매한 고객들은 오프라인에서 하이네켄을 홍보하게 된다.

이곳에서 일하는 직원들도 즐거워한다. 무엇보다도 세계에서 오는 많은 사람을 상대할 수 있다는 것이 매력적이고, 즐거운 분위기에서 고객들과 함께할 수 있는 장점이 있다. 이러한 이유로 하이네켄 박물관은 관광객들의 발걸음이 끊이지 않고 있으며, 고객들이 스스로 돈을 지불하면서 전 세계로 하이네캔 브랜드를 홍보하고 있다.

▮ 집에서 보는 버버리(Burberry) 패션쇼

선두 기업의 경우에 그 시장의 성장이 멈추거나 시장 규모가 축소되면 매출이 크게 하락한다. 시장 성장률이 낮은 패션시장임에도 불구하고 세계적인 브랜드인 '버버리(Burberry)'는 디지털과 융합한 비즈니스 모델을 통해 매출이 급성장하고 있다. 명품 브랜드는 소수의 고객들과 유명인, 언론, 잡지사 등을 대상으로 패션쇼를 진행한다. 일반인들이 패션쇼에 참석하는 것은 쉽지 않다. 한정된 공간에서 진행되기 때문에 참석자가 제한된다. 일반적으로 신제품 발표회가 종료되면 언론과 잡지에 의해 소개되며, 고객들은 이후 몇 개월이 지나야만 매장에서 신제품을 구매할 수 있다.

버버리는 이러한 기존 방식에서 벗어나 패션업체 최초로 소셜미디어 채널을 활용해 실시간 패션쇼를 중계하고, 패션쇼 종료 직후에 온라인에서 신제품을 판매했다. 소수만의 특권처럼 여겨졌던 명품 브랜드의 패션쇼가 일반 고객에게 오픈되었고, 당일 출시된 신제품을 즉시 구매할 수 있는 기회가 모두에게 생긴 것이다.

[버버리의 디지털 채널로 비즈니스 전환]

오프라인 패션쇼 ➡ 실시간 패션쇼 중계 + 온라인 제품 구매

　그 외에도 인공지능을 활용해 고객의 문제점을 해결했다. 고객은 자신이 구입한 고가의 명품이 혹시나 모조품이 아닌지 의구심을 갖는다. 이러한 문제를 해결하기 위해 '엔트로피(Entrupy)'라는 앱을 활용했다. 엔트로피 앱을 실행 후, 전용 카메라로 제품을 비추고 15초 정도 지나면 인공지능이 수천만 장의 명품 사진을 스스로 학습해 진짜와 가짜 제품을 구별한다. 이후 진짜 제품으로 판명될 경우 진짜를 보증하는 증명서를 발급해 준다.[20] 그 외에도 디지털 패션쇼와 같은 다양한 디지털 기술을 접목해 비즈니스 모델을 확대하고 있다.

　기존에 당연했던 것을 제로베이스(Zero Base) 사고를 통해 생각을 전환하면 새로운 비즈니스를 설계할 수 있다. 기존과 동일한 방식으로 진행되는 비즈니스는 크게 발전할 수 없다. 이미 수년 동안 진행됐고 경쟁사들도 모두 똑같은 방식으로 진행하고 있기 때문이다. 고객의 라이프스타일과 지식수준이 향상되

며, 응용할 수 있는 기술이 계속해서 쏟아져 나오고 있는 환경에서 기존의 방식만을 고집하는 독불장군의 미래는 밝지 않다.

현재는 무한 경쟁의 시대로 접어들고 있다. 인터넷과 물류의 발전으로 국내뿐만 아니라 해외 기업들과의 경쟁이 가속화되었고, 정보의 홍수 속에서 고객의 기대심리는 지속해서 상승하고 있다. 새로운 기술이 발전하면서 효율성은 높아지고 유통단계가 축소되면서 가격은 더욱 저렴해지고 있다. 기존과 동일한 방식의 비즈니스는 성공 확률이 낮아지고 있어, 비즈니스 사고의 전환이 필요한 시점이다.

비즈니스 모델은
쉽게 작성하라

중요한 핵심요소를 시각적으로 표현하자

.ıl 비즈니스 모델의 키워드(Keyword)

비즈니스 모델이라는 용어는 2000년 이전에는 잘 사용되지 않았지만, 2000년 이후 온라인의 발달과 함께 다양한 형태의 플랫폼이 구축되면서 본격적으로 사용되기 시작했다. 이후 산업 간의 융·복합으로 다양한 형태의 비즈니스가 생겨나면서 현재 비즈니스 모델은 창업이나 신규 사업을 기획할 때 필수적으로 사용되는 용어가 되었다.

학자들마다 비즈니스 모델을 다양하게 정의했는데, 공통적으로 포함되는 내용은 '고객의 문제점을 해결해 수익을 발생시키는 것'이다. 이것을 좀 더 구체적으로 나타내면 '고객의 문제점(Problem)을 분석해 해결책(Solution)을 제시하는 가운데, 핵심 가치(Core Value)를 고객(Customer)에게 전달해 기업의 수익

(Profit)을 발생시키는 일련의 과정'이라고 할 수 있다. 이것을 키워드로 표현하면 다음과 같다.

[비즈니스 모델의 키워드]

문제점(Problem)
해결방안(Solution)
핵심가치(Core Value)
고객(Customer)
수익(Profit)

하지만 이와 같은 키워드만을 가지고 비즈니스 모델을 작성하는 것은 쉽지 않다. 또한, 오픈이노베이션이 활발하게 진행되면서 여러 이해관계자들에게 비즈니스 모델을 설명해야 하는 기회가 많아졌다. 여기에서 이해관계자는 내부에서는 의사결정권자, 주주 등이며, 외부적으로는 자금을 지원하는 투자자나 금융 관계자가 될 수 있으며, 정부자금을 위해서는 심사위원 등이 여기에 해당한다.

이 책에서 제시하는 비즈니스 모델은 비즈니스 플로우(Business Flow)를 활용해 한 장의 종이에 전반적인 비즈니스의 연결 관계를 알기 쉽게 보여준다. 이 비즈니스 플로우를 활용하면 세부 프로세스를 손쉽게 나타낼 수 있으며, 상사나 이해관계자들에게 효과적으로 아이디어를 전달할 수 있다.

.ıl 비즈니스 모델의 구성요소

비즈니스 모델에는 다양한 구성요소가 있는데 그중 가장 중요한 핵심요소 3가지는 What, Who, How이다. 여기에서 What은 핵심가치(Core Value)가 무엇인지를 정의하고, Who는 서비스를 주로 사용하는 고객(Customer)이 누구인지는 말한다. 핵심가치는 비즈니스 모델에서 고객이 제품이나 서비스를 선택하는 이유가 된다. How는 비즈니스 모델을 통해 기업이 어떻게 수익(Profit)을 창출할 것인가를 뜻한다. 따라서 2W1H의 핵심요소가 비즈니스 모델에서는 반드시 포함되어야 한다.

What - Who - How

핵심가치는 무엇인가?(What)
고객은 누구인가?(Who)
어떻게 수익을 창출할 것인가?(How)

이와 같은 2W1H에 '문제점'과 '해결방안'을 추가하면 비즈니스 모델의 '개발 배경'과 '아이템'에 대해 설명할 수 있다. 문제점과 해결방안은 비즈니스 모델이 왜 필요하는지에 대한 근거를 제시한다. 이 2가지를 2W1H에 연결하면 다음과 같은 프로세스가 완성된다.

Problem - Solution - What - Who - How

문제점은 무엇인가?(Problem)

문제점을 해결하는 방안은?(Solution)

핵심가치는 무엇인가?(What)

타깃 고객은 누구인가?(Who)

어떻게 수익을 창출할 것인가?(How)

비즈니스 모델을 작성하는 프로세스에서는 시장에서 문제점 (Problem)을 찾고 이 문제점을 해결하는 방안(Solution)을 제시한다. 이때 제공하는 핵심가치(Core Value)와 타깃 고객(Who)을 명확히 정의해, 어떻게 수익(How)를 얻는지의 과정을 체계적으로 나타낸다.

사람의 첫인상이 채용, 승진, 평가 등에 영향을 미치듯 비즈니스 모델에서도 첫인상이 중요하다. 비즈니스 모델의 첫인상인 시작단계에서 '왜 비즈니스가 필요한가?'에 대한 내용을 상대방에게 전달하면 높은 수준의 공감대를 형성할 수 있다. 따라서 문제점과 이것을 해결하는 방안을 시각적으로 표현하는 것이 중요하다. 긴 문장으로 작성된 내용은 이해하기 어렵고 직관적이지 못한다. 이때 비즈니스 플로우를 사용하면 이 문제를 쉽게 해결할 수 있다.

.ıl 비즈니스 플로우(Business Flow)로 시각을 자극하자

이해관계자에게 '비즈니스가 어떤 형태로 진행되는가?'에 대한 모습을 보여주어야 하는데, 여기에 사용되는 툴(Tool)이 비즈니스 플로우다. 플로우(Flow)는 '흐름이나 이동'을 뜻하는 용어다. 비즈니스는 시장에서 여러 개체 간에 제품이나 서비스, 현금이 이동하면서 운영된다.

아주 오랜 과거의 자급자족 경제가 서로의 부족한 부분을 채우기 위해 물건과 물건을 교환하는 물물교환의 경제로 발전했다. 이후 화폐의 기능이 추가되어 현재는 제품이나 서비스가 이동되면 반대급부로 화폐가 이동하게 된다.

[경제의 변화]

자급자족 → 물물교환 → 화폐 경제

비즈니스 플로우는 '여러 개체 간의 제품이나 서비스, 현금의 흐름을 도식화한 시각적 표현법'이며, 비즈니스 플로우는 서비스 플로우와 캐쉬 플로우가 결합된 것이다. 서비스 플로우(Service Flow)는 제품, 서비스, 정보, 개체 행동 등의 흐름을 말하며, 캐쉬 플로우(Cash Flow)는 현금의 흐름을 뜻한다.

서비스 플로우(Service Flow) + 캐쉬 플로우(Cash Flow)

* 서비스 플로우: 제품, 서비스, 정보, 행동 등의 흐름도
* 캐쉬 플로우: 현금의 흐름도

비즈니스 플로우에는 비즈니스가 운영되기 위한 중요한 개체들이 표시되고, 서로 간의 역할과 제품 및 서비스, 현금의 흐름이 화살표로 표현된다. 따라서 비즈니스 플로우에는 개체, 서비스 플로우, 캐쉬 플로우, 세부내용, 순서의 5가지 필수 요소가 작성된다.

[비즈니스 플로우의 필수 요소]

- 개체
- 서비스 플로우
- 캐쉬 플로우
- 세부내용
- 순서

비즈니스 플로우의 필수 요소인 개체, 서비스 플로우, 캐쉬 플로우, 세부내용, 순서를 이용하면 다음과 같은 이미지로 나낼 수 있다.

[비즈니스 플로우 필수 요소 사례]

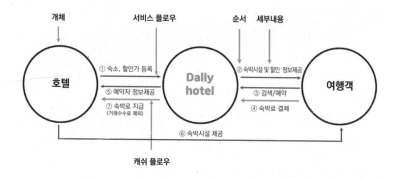

[비즈니스 플로우 필수 요소 사례]

　　비즈니스 플로우는 플랫폼 비즈니스나 서비스를 개발할 때 주로 사용되며, 문제점과 해결안을 제시할 때 효과적이다. 먼저 기존의 문제점에 관한 내용을 비즈니스 플로우로 나타내며, 이후 해결방안을 플랫폼과 몇 개의 개체를 추가해 제시하는 형태다.

　　비즈니스 플로우는 플랫폼 비즈니스 외에는 마케팅 전략에 유통이나 홍보 전략을 제시할 때 사용되며, 프로젝트에서 여러 개체와의 관계를 보여줄 때 주로 사용된다.

[비즈니스 플로우 주요 사용처]

- 플랫폼 비즈니스 개발
- 서비스 개발
- 유통 전략 수립
- 홍보 전략 수립
- 프로젝트 관계도 제시

대기업 및 중소기업, 스타트업 등의 임직원을 대상으로 비즈니스 모델 강의와 컨설팅을 진행하면서, 복잡하게 얽혀 있는 여러 관계를 시각적인 표현 기법을 연구했다. 비즈니스 플로우를 활용하면 프레젠테이션 진행이나 제안서를 제시할 때 직관적으로 비즈니스의 핵심 내용을 전달할 수 있다. 또한, 비즈니스에서 어떻게 수익이 창출되는지 알 수 있어 사업계획서나 보고서에 바로 활용할 수 있다.

.ıl 많이 볼수록 눈높이가 올라간다

비즈니스 실패의 원인 중에 아이템 선정이 잘못된 경우가 많다. 그 원인이 최초 아이디어를 준비할 때 정확한 판단을 할 수 있는 지식, 경험, 노하우 등이 부족하기 때문이다. 이것을 해결할 수 있는 것이 벤치마킹이다. 벤치마킹은 직접 경험하지 않고 외적인 학습을 통해 전문지식을 습득하는 것이다. 다양한 비즈니스 플로우를 벤치마킹을 활용하면 개체가 어떻게 구성되며 서로 어떤 관계를 형성하는지, 수익 모델은 무엇인지를 쉽게 파악할 수 있다.

[비즈니스 모델의 원천]

지식, 경험, 노하우＋외적학습(벤치마킹)

비즈니스 모델은 최첨단 기술이 필요한 것이 아니다. 고객으로부터 해결해야 할 문제가 있고, 그 문제를 해결할 수 있는 방법이 있으면 모든 것이 비즈니스 모델이 된다. 비즈니스 모델도 많이 살펴보면 일정한 패턴을 보유하고 있어 다양한 응용력이 생긴다.

비즈니스 모델도
파레토 법칙을 따른다

사용빈도가 높은 비즈니스 모델의 학습이 필요하다

▪️ 자주 사용하는 비즈니스 모델을 학습하자

파레토 법칙은 이탈리아 경제학자의 빌프레도 파레토(Vilfre-do Pareto)가 개발한 통계적인 기법으로, '상위 20% 사람들이 전체 부(富)의 80%를 보유하고 있다'는 것이다. 우리 주위에 파레토 법칙이 성립되는 것을 자주 볼 수 있다.

중국집에서 수많은 메뉴가 있지만, 그중에서 잘 팔리는 것이 짜장, 짬뽕, 우동, 탕수육이며, 김밥전문점의 많은 메뉴에서도 김밥, 라면 등 몇 종류가 주로 팔린다.

비즈니스 모델에서도 파레토 법칙(Pareto's Law)이 성립된다.

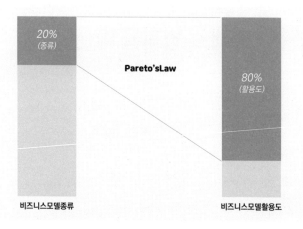

[비즈니스 모델과 파레토 법칙의 관계]

20%
(종류)

Pareto'sLaw

80%
(활용도)

비즈니스모델종류

비즈니스모델활용도

현재 수많은 형태의 비즈니스 모델이 존재하고 있으며, 이 순간에도 계속 생겨나고 있다. 따라서 이들을 모두 학습하는 것은 불가능하다. 그중에서 공유, 집단지성, 타임커머스(Time Commerce), 역경매 등과 같이 사용 빈도가 높은 모형들을 학습하자. 자주 사용되는 비즈니스 모델이 여러 형태로 응용되어 각각의 산업 분야에 적용되기 때문이다.

창업이나 신규 사업 아이템을 개발할 때는 먼저 자주 활용되고 있는 비즈니스 모델을 학습하는 것이 좋다. 그 후 국내 및 해외의 기존 적용 사례를 살펴보면서 아직 미개척 시장에 진입하면 선도자가 될 수 있다.

.ıl 미개척 분야에 선도자가 되자

'배달의 민족', '요기요', '배달통'과 같이 시장 규모가 큰 요식 산업의 O2O(Online to Offline) 플랫폼 비즈니스에서 치열한 경쟁이 진행되고 있다. 그 외에도 이미 잘 알려진 '에이비앤비(Airbnb)'[21]의 민박, '야놀자'[22] 및 '여기어때'[23]의 호텔과 모텔, '우버(Uber)'[24] 및 '리프트(Lyft)'[25]의 자동차, '직방'의 부동산 분야 등에서 여러 기업들이 경쟁 중이다.

O2O플랫폼으로 소비자와 서비스 제공자를 연결하는 비즈니스를 더 살펴보면, '굿닥(Goodoc)'[26]의 의사 연결, '물반고기반'의 낚싯배 연결, '카닥(Cardoc)'[27]의 자동차 수리점 연결, '맘시터(Mom-sitter)'[28]의 아이돌보미 연결, '올버스(All-bus)'[29]의 전세버스 연결 등이 있다. 이와 같은 플랫폼들은 유사한 비즈니스 모델을 각각의 분야에 적용한 사례다.

[O2O플랫폼 사례]

플랫폼 명	서비스	사이트
배달의민족	식당 연결	www.baemin.com
에어비앤비(Airbnb)	민박 연결	www.airbnb.co.kr
우버(Uber)	차량 연결	www.uber.com
리프트(Lyft)	차량 연결	www.lyft.com
야놀자	숙박시설 연결	www.yanolja.com
여기어때	숙박시설 연결	www.goodchoice.kr
직방	부동산 연결	www.zigbang.com

굿닥	병원 및 약국 연결	www.goodoc.co.kr
물반고기반	낚싯배 연결	www.moolban.com
카닥	자동차 수리점 연결	www.cardoc.co.kr
맘시터	아이돌보미 연결	www.mom-sitter.com
카카오헤어샵	헤어샵 연결	www.kakao.com/kakaohairshop
올버스	전세버스 연결	allbus.kr
쓱싹	에어콘 설치기사 연결	sgsg.slogup.com
숨고	전문가 연결	soomgo.com

이러한 O2O플랫폼이 많은 분야에서 활용되고 있지만, 아직 개척되지 않는 곳이 의외로 많다. 특히, 농어촌 분야같이 기술적으로 낙후되어 있거나 건축과 토목·조선과 같이 노동집약적인 산업은 아직까지 기회가 많다.

우리나라는 IT강국으로 유아에서부터 고령자에 이르기까지 전 연령층의 스마트폰 활용도가 다른 나라에 비해 월등히 높다. 이미 스마트폰 검색량이 PC에서의 검색량을 초과했고 편리한 휴대성으로 일어나서부터 잠잘 때까지 언제 어디서나 스마트폰을 사용하고 있다. 지하철을 살펴보면 대부분이 스마트폰을 들여다보기 때문에 지하철 내 오프라인 광고가 사라지고 있는 실정이다.

따라서 각 연령층을 세분화해 그들의 문제를 해결할 수 있는 비즈니스 모델도 기회가 될 수 있다. 그 외에도 지역이 갖는 특수성에 따라 지역 맞춤형 비즈니스 모델도 구축될 수 있다.

이 책에서는 시장에서 주요 사용되는 비즈니스 모델에 관한 내용을 다루고 있으며, 여기에서 자사의 비즈니스 영역, 강점, 노하우 등을 활용해 접근하면 성공 확률을 높일 수 있다.

ONE
원 페이지 비즈니스 모델
PAGE
BUSINESS MODEL

원 페이지 비즈니스 모델 작성법

원 페이지

비즈니스

모   델

원 페이지 비즈니스 모델의 필요성

작성하기 쉽고 직관적이며 설명하기 쉬운 비즈니스 모델 작성법

잭 웰치(Jack Welch)는 냅킨 한 장에 제너럴 일렉트릭(General Electric)의 전체 비즈니스를 간단하게 그려놓고, 핵심과 비핵심 분야의 사업으로 구분했다. 이와 동시에 자사의 핵심역량을 보유한 사업 분야에 시너지를 낼 수 있는 기업을 인수합병(Mergers and Acquisitions)했으며, 세계 1, 2위가 될 수 없는 사업은 과감히 철수시켰다. 그 결과 제너럴 일렉트릭을 미국 최상의 기업으로 성장시켰고, 〈포춘〉 잡지에서 선정하는 '20세기 최고의 경영자'로 선정되었다.[30] 잭 웰치가 복잡한 비즈니스의 모습을 단 한 장에 그려 의사결정을 쉽게 할 수 있었던 것처럼, 비즈니스 구조를 논리적으로 정리해 제삼자에게 쉽게 설명해야 한다. 이때 사용하는 툴(Tool)이 원 페이지 비즈니스 모델이다.

원 페이지 비즈니스 모델은 다음과 같은 특징이 있다.

ᴵ.ɪ 아이디어를 구체화할 수 있다

원 페이지 비즈니스 모델은 아이템구상 단계에서 자신의 아이디어를 구체화할 때 사용한다. 머릿속으로 생각했던 아이템을 한 장의 종이에 나타낼 수 있으며, 다양한 형태로 변형시키면서 아이템의 타당성과 현실성을 검증하기 위해 활용된다. 도식화된 비즈니스 플로우를 통해 비즈니스 개체 간의 역할과 책임 등을 확인하며, 현금 흐름을 살펴보면서 수익을 분석할 수 있다. 따라서 초기 비즈니스 아이디어를 구상하는 데 활용된다.

ᴵ.ɪ 작성하기 쉽다

잘 작성된 비즈니스 모델은 간단하며, 분량도 한 장이 가장 좋다. 한 장에 표현하지 못하는 아이디어는 아무리 많은 장수의 종이를 사용하더라도 정리할 수 없다. 창의적인 아이템은 구현되지 않으면 다른 팀에 의해 먼저 시장에 출시될 수 있다. 그만큼 타이밍이 중요하다.

빠르게 변하는 외부환경에 아이디어를 정리하기 위해 많은 시간을 빼앗겨버리면, 실행은 늦어질 수밖에 없다. 복잡한 형태의 비즈니스 모델은 작성하는 데 시간이 많이 소요되며, 실제 실행할 시간이 부족해진다. 원 페이지 비즈니스 모델은 작성하기 쉬우며, 사업계획서와 연계해 바로 활용할 수 있다.

ⅲ 직관적으로 이해할 수 있어 설명하기 쉽다

비즈니스를 설명할 때 가장 좋은 방법은 무엇일까? 바로 실물을 보여주는 것이다. 제품일 때는 실제 출시한 제품을 보여주고, 플랫폼일 때는 플랫폼을 시연해 실행하는 모습을 보여주는 것이 가장 좋다. 하지만 비즈니스를 시작하기 전에는 시제품이나 시연할 수 있는 웹사이트가 존재할 수 없다. 따라서 대부분 텍스트로 관련된 내용을 작성해 문서로 보여준다. 하지만 텍스트로 작성된 문서는 직관적이지 못해 아이디어를 정확하게 전달하지 못한다.

사업계획서를 발표할 때 많은 발표자가 내용이 정리되지 않아 횡설수설하거나, 긴장한 나머지 프레젠테이션을 망치는 경우가 많다. 스스로도 정리가 되지 않은 논리 구조를 상대방에게 이해시키려고 하니 상황은 더 어려워질 수밖에 없다.

시각적인 표현인 비즈니스 플로우를 활용한 사업계획서는 설명하기 쉽고 고객의 핵심문제를 파악하고 해결방안을 제시하는 강력한 힘을 갖는다.

ⅲ 신속한 의사결정에 도움을 준다

한때 엘리베이터 스피치(Elevator Speech)가 큰 인기를 끌었다. 엘리베이터 스피치는 의사결정권자와 함께 엘리베이터를 타고 올라가는 짧은 시간 동안 자신의 비즈니스에 관해 설명하는 것을 말한다. 일반적으로 의사결정을 하는 사람들은 바쁘기 때문에 짧은 시간 동안 핵심 아이디어를 듣고 싶어 한다. 경영자, 투자자, 심사위원 등 내부 및 외부 이해관계자는 단시간에 의사결정을 하고자 한다.

실제 비즈니스를 소개하는 프레젠테이션에서도 많은 시간이 주어지지 않는다. 현재 창업지원금을 지원하는 사업에서는 5분 정도의 시간을 준다. 며칠 만에 수백 명의 사업 발표를 평가해야 하기 때문에 단 몇 분의 시간만이 제공된다. 따라서 발표도 핵심적인 내용 위주로 간단하고 명료해야 한다. 복잡하면 정리가 어려울 뿐만 아니라 외부 이해관계자들을 설득시키기 어렵다.

원 페이지 비즈니스 모델 작성법

한 장에 비즈니스의 스토리를 담아라

�ᴴ 원 페이지 비즈니스 모델의 특징

 과거에는 '얼마나 보고서가 두꺼운가?'에 따라서 비즈니스의 우수성이 평가되곤 했으며, 보고서의 두께가 그 사람의 실력과 비례하다고 여겼다. 하지만 현재 빠른 시대의 변화에 복잡하고 두꺼운 장편의 보고서는 시대에 뒤떨어진다. 여러 날 밤낮으로 고생했을 것이 뻔하지만, 분량이 많으면 비즈니스의 본질을 파악하기 힘든 경우가 많다. 문서를 작성하는 과정에서 이미 상당한 시간이 흘러버렸고, 두꺼운 문서를 검토하는 의사결정권자의 최종 결정하는 시간도 늦어지기 마련이다. 이런 경우 자칫 실행해야 할 시점을 놓쳐 실행이 어려울 수도 있다.

 현재 시대에 맞는 적정 분량의 비즈니스 모델은 바로 한 장이며, 이 한 장이 강력한 힘을 발휘한다. 한 장으로 압축해 보고

할 수 없다면 상대방에게 자신의 아이디어를 설명할 수 없다. 이 때문에 대기업들도 문서의 양의 줄이고 있다. 더군다나 인력과 자원이 부족한 스타트업에서는 문서 작성을 더욱 간소할 필요가 있다.

비즈니스 모델을 고민하는 가운데 초안을 작성하지도 못하고 소중한 시간은 자꾸 흘러만 간다. 쓰다가 지우고, 다시 쓰다가 지우는 과정을 되풀이하면서 정작 완성되지는 못하는 경우가 많다.

이러한 경우 체계적인 원 페이지 비즈니스 모델 양식은 비즈니스를 구상하고 정리하는 데 도움이 된다.

▪▪ 원 페이지 비즈니스 모델 양식

원 페이지 비즈니스 모델은 제목을 포함해 한 장으로 작성하는 것이다. 전체적인 순서와 작성 양식은 다음과 같다.

[원 페이지 비즈니스 모델 작성 순서]

제목(Title) – 문제점(Problem) – 해결방안(Solution) – 핵심가치(What) –
타깃 시장(Who) – 수익구조(How)

[원 페이지 비즈니스 모델 양식]

제목(Title)

문제점(Problem)

해결방안(Solution)

핵심가치(What)	타깃 시장(Who)	수익구조(How)

배달음식 주문 플랫폼 비즈니스 모델

문제점(Problem)

음식점 ← ① 전화 주문 / ② 음식배달 → ← ③ 현장 결제 고객

고객	음식점
– 어디가 배달이 가능한지 모름 – 어디가 음식이 맛있는지 알 수 없음 – 통화 중 대기가 필요함 – 현금이 없는 경우 주문이 어려움	– 메뉴 종류, 수량의 오류 발생 – 주소 전달의 오류 발생 – 잘못된 주문 정보 접수 – 카드 결제가 되지 않을 경우 발생

해결방안(Solution)

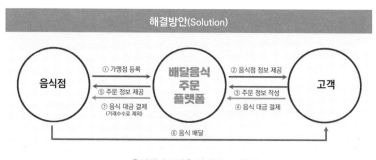

음식점 ① 가맹점 등록 / ⑤ 주문 정보 제공 / ⑦ 음식 대금 결제 (거래수수료 제외) 배달음식 주문 플랫폼 ② 음식점 정보 제공 / ③ 주문 정보 작성 / ④ 음식 대금 결제 고객 / ⑥ 음식 배달

– 음식점과 고객을 실시간으로 연결
– 정확한 정보 전달 및 결제 서비스 제공

핵심가치(What)	타깃 시장(Who)	수익구조(How)
S : 다수 주문자와 연결 D : 편리한 주문과 결제서비스	S : 배달음식점 D : 스마트폰 의존도가 높은 20~30대	수수료 가맹점 광고

이제부터 원 페이지 비즈니스 모델을 구상하고 작성하는 방법에 대해 상세히 알아보자.

첫 단추는
문제점을 찾는 것이다

순서를 정해 체계적으로 구상하자

원 페이지 비즈니스 모델은 단계별로 순서를 정해 작성하면 더 쉽고 명확하게 아이디어를 제시할 수 있다. 비즈니스 모델 작성은 '문제점(Problem) 찾기', '해결방안(Solution) 제시', '핵심 가치(What) 설정', '타깃 시장(Who) 설정', '수익구조(How) 분석'의 순서로 진행된다.

[비즈니스 모델 구상 프로세스]

문제점(Problem) 찾기 → 해결방안(Solution) 제시 → 핵심가치(What) 설정 → 타깃 시장(Who) 설정 → 수익구조(How) 분석

.ıl 문제점 찾기

비즈니스 모델은 고객의 니즈(Needs)에서 시작되며, 고객이 느끼는 불편함이 문제점이 된다. 문제점을 인식하지 못하면 해결방안을 찾지 못하고 다음 단계로 진행할 수 없다.

문제점은 실제 고객을 기반으로 찾아야 한다. 문제를 찾는 것은 산업 내의 핵심고객을 대상으로 한 심층 인터뷰, 설문조사, 관찰이나 전문가를 활용한 델파이 기법 등이 있다.[31] 특히 고객들과 심층 인터뷰를 진행하면 현실적인 문제점을 알 수 있으며, 고객이 원하는 해결방안도 찾을 수 있는 경우가 많다.

또한, 여러 명이 모여 브레인스토밍(Brainstorming) 기법을 활용하면 다양한 문제점을 찾을 수 있다. 브레인스토밍에서는 서로 비판하지 않으며 다양한 의견을 제시해 단시간에 다수의 아이디어를 모을 수 있다는 장점이 있다. 하지만 너무 내용이 광범위하기 때문에 주제에 벗어난 아이디어를 구상하거나 장시간 동안 소수의 핵심 아이디어만이 도출하는 경우가 많다. 따라서 분야를 한정해 강제연상을 하면 효율적인 결과를 기대할 수 있는데, 이때 이노템(InnoTem) 카드를 활용하면 짧은 시간에 다양한 문제를 찾을 수 있다.[32]

이노템 카드에는 '안전', '편리', '절약', '정보' 등에서 고객에게 발생할 수 있는 다양한 문제가 기입되어 있다. 산업 내에 발생할 수 있는 고객의 불편함을 카드에 적힌 키워드를 중심으로 생각하는 강제연상법과 최대한 많은 아이디어를 창출하는 브레인스토밍을 혼합해 제한된 시간에 최적의 아이디어를 얻을 수 있다.

[이노템(Innotem) 문제 찾기 카드]

다음은 배달음식을 주문할 때 고객과 음식점이 불편한 점들을 순서 없이 나열한 것이다.

배달음식 주문 시 불편한 점
- 어디가 배달이 가능한지 모른다.
- 어디가 음식이 맛있는지 알 수 없다.
- 메뉴 종류, 수량에 오류가 있다.
- 음식점이 통화 중일 때 대기해야 한다.
- 주소가 잘못 전달된다.
- 현금이 없는 경우 주문이 어렵다.
- 카드 단말기가 고장 나는 경우가 발생한다.

그 후 현재의 비즈니스 진행 상황을 도식화하고 문제점을 기술한다. 여기에서 현재 상황은 '고객이 전화로 주문을 하고 음식점에서는 음식을 배달하면, 고객은 현장에서 결제하는 형태'로 비즈니스가 진행되는 것이다. 이 과정에서 발생하는 여러 문제점을 비즈니스 플로우를 이용해 간단하게 표현할 수 있다.

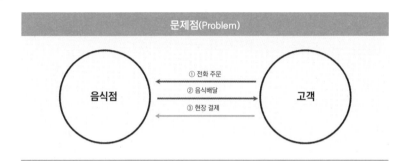

배달음식 외에도 금융, 출판, 유통, 미디어, 농수산 등 다양한 산업 내에서 발생하는 문제점을 찾아볼 수 있다.

비즈니스 아이템을 찾기 어렵다고 말한다. 하지만 일상적으로 무심코 지나칠 수 있는 불편함, 어려움, 결함, 안전상의 문제 등이 모두 비즈니스 아이템이 될 수 있으며, 비즈니스 아이템을 발굴하는 것은 문제 인식에서부터 시작된다.

효율적인 해결방안을 제시하자

융·복합 기법을 활용해 문제 해결하기

📊 결합해서 문제해결하기

고객의 문제점을 해결하는 창의적인 아이디어는 쉽게 떠오르지 않는다. 이때 두 가지 이상의 다른 요소나 기술, 산업 등을 결합하면 해결방안을 찾는 데 도움이 된다.

3~5살의 아이들에게 아찔한 안전사고가 자주 일어난다. 그중에 한 가지가 크레파스를 먹거나 삼키는 것이다. 크레파스는 작은 크기로 알록달록한 색상을 띠고 있어, 아이들이 무의식적으로 크레파스를 먹게 된다. 화학물질로 만들어진 크레파스를 먹거나 삼키는 응급상황들이 뉴스와 소셜미디어를 통해 퍼져나가면서 부모들의 걱정은 커져만 갔다.

크레파스의 안전에 관한 문제점을 어떻게 해결할 수 있을까? 다양한 해결방안을 도출할 수 있다. 맛을 쓰게 하거나, 자극적인 냄새를 통해 아이들이 먹지 못하게 하는 방법이 있다. 또한 먹어도 괜찮은 제품을 생각할 수 있는데, 현대 소비자는 무독성, 친환경 제품을 선호하기 때문에 먹어도 되는 친환경 크레파스를 생각할 수 있다.

그럼 먹어도 되는 크레파스를 어떻게 만들 수 있을까? 이때 식품산업과 결합해 먹을 수 있는 식품첨가물과 결합하면 해결안을 찾을 수 있다. (주)고은빛은 기존의 화학 소재가 아닌 초콜릿과 무독성 색소, 먹을 수 있는 식품첨가물을 이용해서 먹어도 걱정이 없는 크레파스를 만들었다.[33)]

크레파스 + 초콜릿 및 식용 가능한 식품첨가물 ➡ 초콜릿 크레파스

그 결과, 초콜릿 크레파스는 부모들의 관심사인 '안전'에 대한 문제점을 해결해 산업통상자원부의 '올해 우수 비즈니스아이디어' 대상을 수상했다.[34)] 이처럼 여러 요소들과 다른 산업의 기술 및 노하우를 결합하면 창의적인 해결방안을 구상할 수 있다.

▪ 플랫폼을 이용하자

기존에 오프라인에서 해결하지 못했던 다양한 문제가 IT와 결합하면서 플랫폼 비즈니스 모델이 탄생하게 되었다. 이러한 플

랫폼 비즈니스에는 다음과 같은 공통점이 있다.

- 공유경제
- 긱 경제
- 집단지성
- 역경매
- 중개

그 외에도 다양한 플랫폼 비즈니스 모델이 개발되고 있으며, 시장에 출시되어 빠르게 그 영역을 확장하고 있다. 따라서 일정한 규칙을 학습하고 이를 응용해 회사의 제품과 연결하거나 아직 개발되지 않은 영역에 비즈니스 기회를 찾는 것이 좋다.

배달음식 주문 시 고객과 음식점의 불편한 점을 다음과 같이 도출했다.

고객	음식점
- 어디가 배달이 가능한지 모름 - 어디가 음식이 맛있는지 알 수 없음 - 통화 중 대기 필요 - 현금이 없는 경우 주문이 어려움	- 메뉴 종류, 수량의 오류 발생 - 주소 전달의 오류 발생 - 잘못된 주문 정보 접수 - 카드 결제가 되지 않을 경우 발생

이때 음식점과 고객 사이에 중간자 역할을 할 수 있는 플랫폼을 삽입하면 양쪽의 문제를 모두 해결할 수 있다.

음식점은 플랫폼을 통해 다수의 고객으로 부터 주문을 받을 수 있으며, 정확한 메뉴, 주소 등의 정보를 제공 받는다. 고객도 인근의 배달음식점 정보를 제공받고 전화 통화 없이 편리하게 주문을 할 수 있으며, 카드 결제도 가능하다. 이렇게 오프라인의 문제점을 플랫폼으로 해결할 수 있다.

기존에 음식점과 고객이 보유한 문제점에 대한 해결방안을 비즈니스 플로우로 나타내면 다음과 같다.

[배달음식 시장의 문제점을 해결한 '배달음식 주문' 플랫폼 사례]

비즈니스 플로우를 학습하면 유사한 형태의 문제에 대해 빠른 해결안을 제시할 수 있다. 그것은 기존의 비즈니스 플로우를 응용하면 되기 때문이다. 이처럼 다양한 산업에서의 문제에 대한 해결방안을 곧바로 응용할 수 있는 것이 비즈니스 플로우의 장점이다.

기존에 호텔과 고객이 보유한 문제의 해결방안을 비즈니스 플로우로 나타내면 다음과 같다. 전체적인 구조가 배달음식주문 플랫폼의 비즈니스 플로우와 거의 흡사하다.

[숙박시설의 문제점을 해결한 '숙박예약' 플랫폼 사례]

이렇듯 기업의 비즈니스 모델은 고객의 문제점을 찾고, 이 문제점을 효과적으로 해결하는 방법을 제시하는 것에서 출발한다.

핵심가치를 고객에게 전달하기

어떤 차별화된 가치를 고객에게 제공할 수 있는가?

▌ 가치(Value)란 무엇인가?

고객이 제품이나 서비스를 구매하는 이유는 기대하는 '이익(Benefit)'을 얻기 위해서다. 여기에서 이익은 '시간 절약', '안전성 확보', '정보 제공', '품위 유지' 등 다양한 형태로 제공된다.

또한 고객이 제품이나 서비스를 구매할 시에 거래 비용(Cost)이 발생한다. 거래 비용은 고객이 지불해야 제품이나 서비스 자체의 비용 그 외에도 고객이 찾는 정보, 대기시간, 이동시간, 교체 비용 등이 모두 여기에 포함된다. 가격은 비록 저렴하지만 제품을 얻기 위해 장거리를 이동하거나, 오랜 시간 대기해야 할 때는 가격 외의 비용들이 증가하게 된다.

거래 비용은 다음과 같이 나타낼 수 있다.

거래 비용 = 제품 비용 + 정보 비용 + 대기 비용 + 이동 비용 + 교체 비용

예를 들어 A기업에서 신규 이메일 사이트를 시장에 출시했을 때, 고객은 기존에 사용하고 있는 이메일 사이트에 쌓인 개인 정보와 각종 데이터들을 이동시켜 교체해야 한다. 이때 금전적인 소비는 지출되지 않지만 교체해야하는 시간과 노력이 소요된다. 고객은 신규 사이트로 교체했을 때의 이익과 교체하는 과정에서 발생되는 거래 비용을 비교하게 되며, 교체 비용보다 더 많은 이익을 얻지 못할 때는 신규 사이트에 가입하지 않는다.

고객이 느끼는 가치는 이익에서 거래 비용을 제외하는 것으로 다음과 같은 간단한 공식으로 나타낼 수 있다.

가치(Value) = 이익(Benefit) − 거래 비용(Cost)

여기에서 중요한 것은 고객이 체감하는 '이익'이 '거래 비용'보다 많아야 제품을 구매하고 서비스를 이용한다는 것이다. 만약 신규 플랫폼이 주는 이익이 매우 크다면, 이동 비용이나 교체 비용이 발생하더라도 신규 플랫폼으로 옮기는 회원 수가 빠르게 증가한다.

결국 비즈니스 모델에서는 고객의 이익을 극대화하고 제품,

정보, 대기, 이동, 교체에 소요되는 비용을 낮추어 거래 비용을 줄이는 방안이 고려되어야 한다.

네이버(Naver) 포털 사이트의 가치를 공식에 응용하면, 고객은 네이버 사이트를 통해 지식검색에서 궁금증을 해결한다. 이뿐만 아니라 실시간 뉴스, 연예, 스포츠와 같은 뉴스를 제공받고 블로그와 카페로 커뮤니티 활동을 하며, 날씨, 환율, 증권 정보를 얻을 수 있다. 이 모든 것을 이용하는 데 인터넷 사용료 외에 비용이 전혀 들지 않는다. 이와 같이 이익(Benefit)은 매우 크지만 거래 비용(Cost)은 거의 들지 않기 때문에 가치(Value)가 대단히 클 수밖에 없다.

네이버(Naver)의 가치 = 이익(정보 획득 + 커뮤니티 활동 등) - 거래 비용(인터넷 사용료)

카카오톡도 같은 구조다. 문자서비스는 한 번 발송할 때마다 30원 정도의 비용이 발생되며, 장문이나 이미지는 더 많은 비용이 든다. 카카오톡은 한 달이면 상당한 금액이 지불되어야 하는 문자메시지를 무료로 제공하고 있으며, 선물하기, 게임 등 편리한 서비스를 이용 할 수 있다. 따라서 카카오톡에 대해 고객이 느끼는 가치는 매우 높다.

가치가 높으면 고객 충성도가 높아지기 마련이다. 현재 높은 가치를 제공하는 카카오톡 어플은 스마트폰을 구매하거나 교체할 때 가장 먼저 다운로드 받는 귀한 대접을 받고 있다.

이와 같이 성공한 비즈니스의 공통된 특징은 고객의 문제를 해결하면서 고객의 거래 비용보다 높은 이익을 제공한다는 것이다. 여기서, 핵심가치란 고객의 다양한 문제점을 해결하면서 고객에게 제공하는 중요한 가치를 말하며, 기업은 핵심가치를 고객에게 전달하면서 수익을 얻게 된다.

고객을 세분화하자

차별화된 가치를 누구에게 제공할 수 있는가?

.ıl 모든 고객을 만족시킬 수 없다

대규모 고객을 대상으로 시장에 진입하기 위해서는 자본·인력·시간 등 많은 자원이 필요하다. 또한, 다양한 고객층이 존재할 경우에 고객의 욕구는 매우 다양하여 모든 고객을 만족시킬 수 없다. 따라서 기업이 보유한 제한된 자원과 역량을 효율적으로 활용하기 위해서는 정확한 고객층을 선정하여 특정 시장에 집중해야 한다. 이렇게 특정한 타깃 시장을 구분하는 것을 고객 세분화(Segmentation)라고 하며, 고객을 유사한 집단별로 세분화하는 기준에는 인구통계적, 지리적·심리적·행동적 변수가 있다.[35]

인구통계직 변수
지리적 변수
심리적 변수
행동적 변수

인구통계적 변수는 연령, 성별, 소득, 교육 수준 등으로 구분하는 것을 말한다. 남자, 여자, 10대, 20대, 30대 등으로 구분하는 것이며, 고객을 세분화하는 데 가장 많이 사용되는 변수다. 화장품을 구매할 때 20대와 50대가 선호하는 가격, 디자인, 기능은 다를 수밖에 없다. 따라서 특정 연령별 선호도를 조사해 그들에게 적합한 제품을 개발하고 홍보할 채널도 선택한다.

지리적 변수는 나라, 도시, 인구밀도, 기후 등으로 구분하는 것이다. 더운 지역과 추운 지역의 고객은 다른 특성을 지니며, 인구밀도가 높은 도시와 낮은 농촌에는 서로 다른 전략이 필요하다. 심리적 변수는 개성, 취미, 라이프스타일 등으로 구분하는 것이며, 행동적 변수는 사용량, 사용 경험 등에 따라 세분화하여 특정한 시장을 선정하는 것을 뜻한다.

ⅰⅠ 사용자와 구매자를 구분하자

고객은 사용자와 구매자로 구분되며, 사용자와 구매자가 다른 경우가 발생하기 때문에 이 둘을 구분해야 한다.

고객(Customer) = 사용자(User) + 구매자(Buyer)

여기에서 사용자(User)는 실제 제품이나 서비스를 이용하는 사람이며, 구매자(Buyer)는 사용자를 위해 현금을 지불하는 사람이다. 일반적으로 사용자와 구매자는 동일하다. 하지만 제품의 특성과 타깃 고객의 특성에 따라 둘이 달라지는 경향이 있다. 경제적 여유가 없는 유아나 노년층이 사용하는 제품들이 여기에 해당한다.

그럼, 사용자와 구매자 중에 누구를 대상으로 비즈니스 모델을 수립해야 할까? 'Problem, Solution, What'은 주로 사용자를 대상으로 하며, 'Who, How'는 구매자를 대상으로 한다.

Problem – Solution – What – Who – How

* Problem – Solution – What → 사용자 대상
* Who – How → 구매자 대상

만약 Who, How에서 구매자를 고려하지 않으면, 구매력이 없는 사용자를 타깃으로 선정해 그들로부터 수익을 창출하겠다는 잘못된 결론이 도출될 수 있다. 따라서 제품과 서비스의 개

발은 사용자를 중심으로 진행하며, 유통채널 선택과 홍보방안, 수익창출은 구매자를 주로 고려해 전략을 수립하는 것이 좋다. 이와 같이 타깃 고객은 사용자와 구매자를 구분할 필요가 있다.

일반적으로 선물용 제품과 보호자가 대행하여 구매하는 제품들이 사용자와 구매자가 다르다. 그 예로 실버층의 사용하는 '보행보조기'를 들 수 있다. 요즘 시골에서는 보행보조기를 사용하는 실버층을 쉽게 볼 수 있는데, 유모차 형태로 제작되어 몸이 불편한 어르신의 보행에 도움을 준다. 또한, 걷다가 힘이 들면 앞쪽 의자에 앉을 수도 있고 작게 접을 수도 있으며, 넉넉한 수납공간도 있어 편리하다. 이 제품은 주로 실버 여성층을 겨냥해 편리성을 제공하여 출시 후 급격히 판매가 증가한 제품이다.

그럼, 다리가 불편한 실버층이 자신을 위해 직접 보행보조기를 구매해 사용할까?

걸음이 불편한 부모를 위해 자녀들이 대부분 구매해 선물을 하게 되고 실사용자인 실버층이 직접 구매하는 경우는 많지 않다. 이러한 이유로 보행보조기는 가정의 달인 5월에 많이 팔린다.

이와 같이 비즈니스 모델은 사용자를 대상으로 불편함을 찾고 해결방안에 대한 핵심가치를 전달한다. 그리고 구매할 수 있는 타깃에게 접근하여 제품을 판매해 수익을 창출하는 방법으로 구상되어야 한다.

.ıl 제공자와 수요자를 찾자

소유의 개념에서 공유의 개념으로 사고의 전환이 이루어지면서 발생된 비즈니스가 바로 공유경제(Sharing Economy)다. 공유경제라는 용어는 하버드대학교의 로렌스 레식(Lawrence Lessig) 교수가 구체적으로 설명했는데, 한 번 생산된 제품을 다수의 사람이 공유해 자원의 가치를 극대화하는 소비형태를 말한다.[36]

소유(Property) → 공유(Sharing)

공유모델의 기본 전제는 여러 사람이 특정한 제품에 대한 소유권은 보유하고 있지 않지만, 일정 기간 동안 사용권을 부여받는 것이다. 따라서 수요자는 초기 구매비용을 줄이고, 저렴한 사용료만 지불하면 된다.

일반적으로 공유모델에서의 고객은 서비스를 제공하는 제공자(Supplier)와 수요자(Demander)로 나뉜다. 따라서 비즈니스모델에서는 제공자와 수요자 모두에게 가치를 제공해 각각의 니즈를 충족시켜야 한다. 주차장 공유 서비스인 '모두의주차장'은 주차장 소유권을 가진 빌라나 단독주택 거주자가 낮 시간 동안 다른 지역으로 이동할 때 비워져 있는 자신의 주차장을 인근에 근무하는 사람들에게 제공한다.[37] 따라서 주차장의 소유권이 없는 다수의 수요자가 사용할 수 있다. 따라서 주차장을 소유하는 사람이 제공자(S)가 되며, 주차장을 대여하는 운전자가 수요자(D)가 된다. 이렇게 공유모델에서는 대부분 제공자와 수요자 형태로 2개 이상의 고객이 동시에 존재하게 된다.

주차장 공유 서비스에서 핵심가치, 타깃 시장은 다음과 같이 표현된다.

[모두의주차장 제공자와 수요자]

고객	핵심가치	타깃 시장
제공자(S)	부가 수익 창출	주택·가게, 오피스텔, 학교 등 주차장 소유자
수요자(D)	주차단속 걱정 제거 저렴한 서비스이용료	대도시 출퇴근 운전자

수익구조 분석하기

본원적 수익과 부가적인 수익을 구분하라

.ıl 수익을 구분하자

비즈니스를 운영하려면 반드시 수익이 창출해야 한다. 여기에서 수익은 제품판매, 수수료, 구독료, 광고료, 라이선싱 등 다양하다. 만약 수익이 발생되지 않는다면 누적되는 손실로 인해 비즈니스를 지속할 수 없다. 수익은 본원적인 수익과 부가적인 수익으로 구분된다.

수익 = 본원적 수익 + 부가적 수익

본원적인 수익은 기업이 고객에게 제공하는 주된 제품이나 서비스를 판매하면서 발생하는 수익을 말하며, 부가적인 수익은 고객에게 제공되는 주된 제품이나 서비스 외에 2차적으로 발생하는 수익을 말한다.

예를 들어 극장의 본원적인 수익은 영화 티켓 판매이며, 2차적으로 발생하는 팝콘과 음료 판매는 부가적인 수익이 된다.

[극장 수익구조]

티켓 판매(본원적 수익) + 팝콘, 음료 판매(부가적 수익)

수익구조는 제품에서 뿐만 아니라 네트워크에서도 활용된다. 이동통신사가 일정기간 약정을 하면 초기에 단말기를 저렴한 가격에 제공하고 매달 통신료로 지속적인 수익을 올리는 방식도 이와 유사하다.

본원적인 수익보다는 부가적인 수익을 더 많이 얻는 비즈니스도 있다. 포털 사이트 네이버(Naver)의 지식인은 사용자들에게 다양한 정보를 제공하지만, 수익은 대부분 광고주가 지불하는 광고료에서 얻는다. 즉, 주된 서비스에서는 수익을 얻지 못하지만 부가적인 광고를 통해 수익이 발생된다. 구글(Google) 또한 사용자들에게 검색서비스를 제공하지만, 광고에서 수익을 얻는다.

무료 문자메시지 플랫폼인 카카오톡(Kakao Talk)이 문자 대화창에 광고를 시작했다.[38] 카카오톡 사용자는 문자 송수신 서비스를 무료로 이용하지만, 광고회사의 광고료로 카카오톡은 수익을 얻는다.

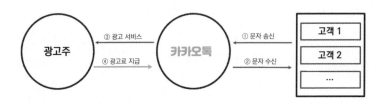

[카카오톡 수익 사례]

이와 같이 기업의 수익이 기본적으로 제공하는 서비스에서 발생되지 않는 때가 있으며, 때로는 부가적인 수익이 본원적인 수익보다 많은 경우가 발생한다. 특히 플랫폼 비즈니스에서는 다수의 회원을 대상으로 서비스를 제공하고 광고를 유치해 수익이 발생되는 것을 볼 수 있다. 광고 외에도 고객 데이터를 활용해 보험, 은행, 증권사의 보험, 펀드, 적금 등의 금융 상품을 판매하여 수익을 얻는 방식도 이것과 같다.

▪️ 지속적인 수익이 발생하는 소모품 판매

제품에서도 본원적인 수익보다 부가적인 수익이 더 많은 비즈니스 모델이 '소모품 판매' 비즈니스다. 일반적으로 소모품이 반복적으로 필요한 경우에는 초기에 제품을 저가로 판매한다. 심지어는 초기에 시장 점유율을 확대하기 위해 손해를 보면서 판매하는 경우도 있다. 이후 고객이 이를 사용하면서 추가로 필요한 소모품의 비용을 고가로 책정해 지속적인 매출을 얻는 방식이다.

고객은 비싸더라도 기존의 제품을 위해 소모품을 구매해야만 한다. 기업은 최초 판매 시에는 저렴한 판매가격으로 수익이 많지 않지만, 소모품을 통해 지속적인 수익을 발생시킬 수 있다.

이러한 수익 외에도 기업은 '락인 효과(Lock-in)'를 얻을 수 있다. 락인 효과는 '자물쇠 효과'라고도 하는데, 자물쇠가 한번 잠기면 풀리지 않는 성질과 같이 소비자가 어떤 제품을 구입했을 때 다른 유사 제품 구매를 어렵게 만들어 자사의 제품만을 지속적으로 구매하게 하는 것을 말한다. 이러한 대표적인 것이 면도기, 전동칫솔, 캡슐커피 등이 있다.

면도기의 경우, 면도기와 면도날을 포함한 제품을 구매한 고객은 차후 면도날만을 따로 구매할 수 있다. 이때 면도날 가격이 저렴하지 않다는 것을 느낄 것이다. 하지만 이미 면도기를 구매했기 때문에 면도날이 조금 비싸더라도 기존의 면도기를 활용하기 위해서는 어쩔 수 없이 면도날을 구입할 수밖에 없다. 이때 다른 브랜드의 면도날과는 호환이 되지 않아 동일한 브랜드의 제품을 구매해야 한다.

전동칫솔도 면도기와 마찬가지로 본원적인 수익이 전동칫솔을 판매하는 것이며, 부가적으로 칫솔헤드를 판매해 수익을 얻을 수 있다.

네슬레(Nestle)는 캡슐커피를 출시하면서 매출이 급격하게 성장했다. 캡슐커피는 캡슐에 로스팅(Roasting) 처리를 한 원

두를 진공 포장한 후 고객이 캡슐을 커피머신에 넣고 버튼만 누르면 고급커피를 즐길 수 있다. 고객은 집이나 사무실에서 아메리카노, 에스프레소, 라떼, 카푸치노 등 다양한 맛을 선택할 수 있어 편리하다. 네슬레는 저렴한 가격으로 커피머신을 제공하고 지속적으로 캡슐을 제공하는 비즈니스 모델로 본원적인 수익과 소모품의 반복구매를 활용한 꾸준한 부가적인 수익을 창출하고 있다.

[소모품 수익 사례]

구분	본원적 수익	부가적 수익
전동칫솔	전동칫솔 판매	칫솔헤드 판매
프린터	프린터 판매	잉크 판매
즉석카메라	카메라 판매	인화지 판매
캡슐커피	커피머신 판매	커피캡슐 판매
정수기	정수기 판매	필터 판매

이와 같이 비즈니스에 대한 수익 모델은 본원적인 수익과 부가적인 수익으로 구분할 수 있다. 일반적으로 본원적 수익이 먼저 발생하고 부가적인 수익은 회원 수가 증가하고, 체류 시간이 늘어나면서 발생한다.

비즈니스 플로우 작성법

원 페이지

비 즈 니 스

모   델

비즈니스 플로우가
왜 필요한가?

비즈니스를 시각적으로 표현하자

- 고객의 불편한 점은 무엇인가?
- 제안하는 비즈니스가 왜 필요한가?
- 누구에서 팔 것인가?
- 어떻게 수익을 얻을 것인가?
- 경쟁사는 누구인가?
- 핵심 비즈니스가 무엇인가?
- 기술적인 경쟁력은 보유했는가?
- 시장 규모가 어떻게 되는가?

이와 같은 내용은 사업계획서를 평가할 때 발표 내용을 듣고 심사위원들이 가장 많이 질문하는 것들이다. 그중 가장 큰 비중을 차지하는 질문들은 '문제점이 무엇인가?', '어떻게 수익을 얻을 것인가?', '핵심 비즈니스가 무엇인가?' 등이다. 이것은 발표자가 자신의 비즈니스를 정확하게 전달하지 못했다는 것을 뜻한다.

발표자에게 주어진 5~10분 정도의 시간은 자신의 비즈니스를 설명하기에 충분하다. 하지만 논리적으로 핵심내용을 설명하지 못하기 때문에 심사위원을 설득시키지 못하는 것이다.

그 이유는, 대부분의 사업계획서가 많은 분량의 텍스트로 복잡하게 구성되어 있기 때문이다. 성공적인 프레젠테이션을 위해서는 처음 마주하는 심사위원의 뇌리에 비즈니스에 대한 그림을 명확하게 그려주어야 한다.

▫ 도식화하라! 도식화하라!

신체에는 오감이라 하여 시각, 청각, 후각, 미각, 촉각이 있는데 이러한 오감은 신체기관을 통해 외부정보를 받아들이는 기능을 한다. 이 중에서 시각의 의존도가 가장 높으며, 몸은 시각을 통해 가장 먼저 외부 자극을 감지한다. 따라서 감각기관인 눈을 자극하는 것이 중요하기 때문에 텍스트보다는 이미지 형태로 도식화해야 한다. 이것은 아무리 강조해도 지나치지 않는다. 잘 작성된 기획서에는 소설같이 빼곡하게 차 있는 글자보다 이미지, 도형 등을 활용해 시각적인 표현으로 작성된 것을 알 수 있다.

비즈니스를 설명할 때는 기존의 상황이나 문제점을 설명하고, 차후 이를 해결할 수 있는 아이템의 내용을 시각적으로 표현해야 한다. 이때 비즈니스 플로우를 사용하면 효과적이다.

비즈니스 플로우의 장점을 비즈니스가 진행되는 모습을 쉽게 설명할 수 있으며, 이미지로 표현하기 때문에 이해하기 쉽고 사업계획서에 바로 사용할 수 있어 편리하다. 또한, 기존 비즈니스의 문제점을 명확하게 제시할 수 있으며, 새로운 비즈니스의 세부 구성 방안을 도식적으로 제시할 수 있다.

이와 같은 장점으로 창업을 준비하는 예비창업자 및 초기 창업자, 신규 비즈니스를 개발하고자하는 기업체 임직원들에게 비즈니스 플로우 작성을 적극적으로 권장하고 있다.

▪▫ 비즈니스 플로우가 꼭 필요할까?

비즈니스 플로우가 왜 필요한지 사례를 통해 알아보자.
먼저 다음의 [사례 1]을 읽어보자.

고객이 음식점에 주문을 하면
음식점에서는 음식을 고객에게 배달하고,
고객은 현장에서 현금으로 결제한다.

[사례 1]은 비교적 간단해 내용을 이해할 수 있다. 하지만 여기에 다양한 개체가 결합해 복잡한 구조가 될 때는 상황이 달라진다.

다음의 [사례 2]를 읽어보자.

[사례 2. 배달음식주문 플랫폼의 배달 방식]

음식점은 배달 플랫폼에 가맹점을 등록하면, 플랫폼에서는 고객에게 음식점 정보를 제공한다. 이후 고객은 플랫폼에 직접 주문 정보를 작성하고 대금을 결제한다. 이 구매정보는 플랫폼을 통해 음식점에게 전달되고, 음식점은 고객에게 음식을 배달한다. 이후 플랫폼에서는 거래수수료를 제외한 대금을 음식점에 결제한다.

[사례 2]는 현재 운영되는 배달음식주문 플랫폼의 비즈니스 프로세스를 텍스트로 작성한 것이다. [사례 2]와 같이 점차 비즈니스 관계가 복잡해지면, 스스로도 머릿속에 내용을 정리하기가 어려울 뿐만 아니라, 상대방에게 설명할 때도 명확한 의사전달이 어렵게 된다.

텍스트로 작성된 글은 논리적인 표현이 부족해 짧은 시간에 사람들을 이해시키기 어렵다. 따라서 [사례1]을 [사례 3]과 같이 시각적으로 표현할 수 있다.

이와 같이 비즈니스 플로우는 비즈니스의 관계를 도형과 화살표 등을 이용해 도식화해 이미지 형태로 보여주는 것이다.

[사례 3. 기존 음식점 배달 방식의 비즈니스 플로우]

기존 음식점의 배달 방식에서는 고객과 음식점을 사이에 두고 화살표로 서로의 거래 관계를 표현했다.

다음의 [사례 4]는 [사례 2]의 텍스트를 도식화해 시각적으로 표현한 것이다. [사례 4]에서는 [사례 3]에는 없었던 배달음식 주문 플랫폼이 삽입되면서 플랫폼, 고객 그리고 음식점을 연결하는 복잡한 구조를 형성한다.

[사례 4. 배달음식주문 플랫폼의 비즈니스 플로우]

이처럼 도식화된 이미지를 비즈니스 플로우라고 하며, 숫자와 함께 작성된 내용을 화살표 방향으로 따라가다 보면 제품이나 서비스가 어디로 이동하는지 확인할 수 있다. 또한, 고객이 지불하는 현금도 어떤 형태로 이동하는지도 파악할 수 있다.

비즈니스 플로우는 서비스 플로우와 캐쉬 플로우로 구분되며, 각각의 작성법에 대해 다음 장에서 세부적으로 알아보도록 하자.

비즈니스 플로우 작성 프로세스

개체 선정에서부터 핵심요소 작성까지 비즈니스 플로우 작성하기

ıl 논리적 사고의 도구

일반적으로 프레임(Frame)은 자동차, 자전거 따위의 뼈대를 말한다. 만약 자동차를 제조하는 데 프레임이 없으면 어떤 현상이 발생할까? 철판과 철판을 용접해야 하기 때문에 시간이 많이 소요될 뿐만 아니라 단단하지도 못하다.

그럼, 엔진은 어디에 장착해야 할까? 이처럼 프레임이 없으면 자동차를 제조하는 데 큰 어려움이 발생할 것이다.

기획에서 프레임은 '사고(思考)의 틀'이라고도 불린다. 비즈니스 플로우도 프레임 역할을 해서 비즈니스 모델을 구상할 때 논리적인 사고에 도움을 준다. 또한, 이미 정해진 틀에 정보와 아이디어를 활용하기 때문에 시간을 줄이며 간결하게 표현할 수 있다.

이처럼 비즈니스 플로우는 많은 장점이 있다.

– 논리적인 사고를 할 수 있다.
– 사고의 시간을 줄일 수 있다.
– 간결하게 표현할 수 있다.
– 누락되는 것이 없이 정리가 가능하다.
– 쉽게 설명할 수 있다.

비즈니스 플로우의 작성은 개체 선정에서부터 시작한다.

그다음으로는 서비스와 현금의 흐름을 화살표로 표시한 후, 이동하는 항목에 대한 세부사항을 작성한다. 이후 비즈니스의 흐름에 선후 관계를 파악하고 숫자를 이용해 순서를 표시한다.

[비즈니스 플로우 작성 프로세스]

개체 선정 → 서비스/현금 흐름표시 → 이동항목 작성 → 순서표시

ᴵ. 개체 선정

개체는 조직과 같이 구조와 제공, 구매, 유통, 소비 등의 기능을 갖춘 것으로 자사, 제조사, 고객, 유통사, 금융사 등이 여기에 속한다. 여기에서 개체는 최소 2개 이상이 선정되는데, 그 이유는 '자사'와 '고객'은 반드시 포함되기 때문이다. 자사만이 존

재하는 비즈니스는 자급자족 형태로 비즈니스 고려 대상이 될
수 없다.

개체를 표시할 때는 원형이나 사각형 등의 도형을 사용하며,
그 내부에 객체의 이름을 작성해 넣는다.

[원형과 사각형의 비교]

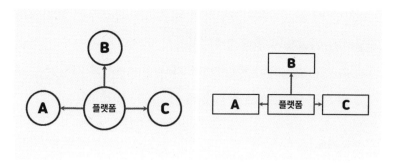

일반적으로 원형을 가장 많이 사용하는데, 원형은 서비스의
관계를 다양한 방향으로 나타낼 수 있어 편리하며 시각적으로
도 안정된 느낌을 준다.

[원형 개체의 확장성]

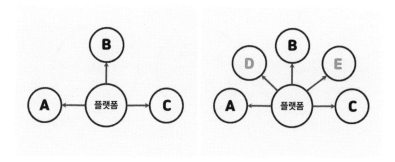

개체를 선정할 때는 비즈니스에 큰 영향을 주는 중요한 개체를 선정한다. 의류 쇼핑몰을 구축하기 위해서 필요한 개체는 무엇일까? 기본적으로 쇼핑몰, 고객, 그리고 의류 제공처가 될 것이다. 그 외에도 사업을 보조하는 택배회사, 결제를 도와주는 PG사, 세무 관리하는 세무사, 상표권 등을 관리하는 변리사 등 무수히 많은 개체들이 존재한다.

하지만 이 모든 것을 표현하면 비즈니스 플로우는 복잡하며 작성하기 어려울 수밖에 없다. 따라서 비즈니스 플로우는 주요 개체 위주로 작성해야 한다. 특히 자사의 차별성과 경쟁력을 제시할 수 있는 주요 개체를 활용해 작성하는 것이 좋다.

* **주요 개체** : 비즈니스를 운영하기 위해 꼭 존재해야 하는 개체(핵심 역할)
* **부가적인 개체** : 비즈니스를 운영할 때 보조적인 개체(보조 역할)

배달음식 주문 플랫폼에는 주요 개체는 플랫폼, 고객, 음식점으로 3개이며, 이것을 원형 도형을 이용해 다음과 같이 나타낼 수 있다.

[원형 개체를 사용한 사례]

하버드 대학교수인 마이클 포터(Michael E. Porter)가 개발한 가치사슬(Value Chain)모형이 전 세계적으로 사용되고 있다. 이 모형에서는 원재료가 왼쪽에서 투입되어 제품이 완성되면서 소비자에게 전달되는 과정을 보여주는데, 마치 사슬(Chain)처럼 연결되어 있다고 해서 가치사슬로 불린다.[39]

이와 유사하게 비즈니스 플로우에서도 가치를 제공하는 기업이 왼쪽에 위치하고, 고객이 오른쪽에 자리를 잡는다. 이렇게 배치하는 이유는 사람의 시선이 책을 읽을 때나 프레젠테이션 슬라이드를 볼 때 왼쪽에서 오른쪽으로 움직이기 때문이다.

추가적인 개체를 삽입할 경우에는 가장 중요한 플랫폼이나 자사를 가운데에 배치한다. 이를 응용하면, 비즈니스 플로우에서 개체의 위치는 생산자인 음식점이 왼쪽, 중개하는 배달음식주문 플랫폼이 중앙, 고객이 오른쪽에 놓인다.

[개체의 배치]

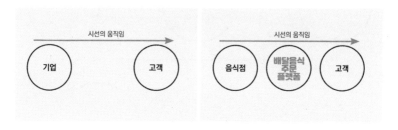

▮▮ 서비스·현금 흐름 표시

비즈니스에 필요한 개체 선정이 완료된 후에는 이들 간에 어떠한 관계가 형성되는지 살펴보자. 개체 간에는 서비스나 현금 등이 반드시 이동하게 된다. 이때 각 개체 사이에 서비스와 현금 흐름이 어떻게 진행되는지를 화살표로 나타낸다.

화살표의 특징은 시작과 끝을 알려준다. 따라서 화살표를 이용하면 서비스와 현금이 어떤 개체로부터 향하는지 방향을 알 수 있다.

일반적으로 제품이나 서비스는 기업이 제공하기 때문에 왼쪽에서 오른쪽으로 이동하며, 현금은 고객이 지불하기 때문에 오른쪽에서 왼쪽으로 움직이게 된다.

[원형 개체에 서비스·현금 흐름 표시]

파워포인트에서는 다양한 형태의 화살표 모양을 제공하고 있다. 화살표 선을 작성할 때는 화살표 머리유형이 날카로운 것이 좋다. 날카로운 화살표 머리는 깔끔하면서도 정돈된 이미지를 준다. 파워포인트 프로그램에서 [서식] → [도형서식]에서 [화살표 머리 유형], [화살표 꼬리 유형]을 클릭해 날카로운 화살표 모양으로 바꿀 수 있다.

[파워포인트에서 도형 서식 모습]

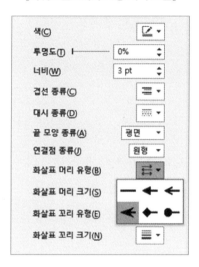

선은 실선과 점선을 사용하며, 각각의 용도가 다르다.

실선은 '현재의 계획'이며, 점선은 '앞으로 진행할 계획' 즉, 미래의 계획을 표현할 때 사용한다.

비즈니스를 구상할 때는 미래의 확장성을 고려한다. 따라서 차후 확장된 비즈니스의 모습을 나타날 때 점선을 활용한다. 실선과 점선을 사용하면 현재와 미래를 구분할 수 있으며 추가적인 사업도 보여줄 수 있다.

이와 같이 점선으로 표현된 개체는 차후에 추가될 개체이며, 점선 또한 차후에 추가된 서비스나 현금에 대한 흐름을 나타낸다.

[실선과 점선의 구분]

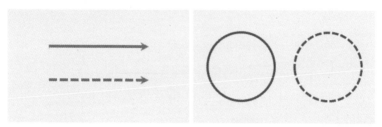

* 실선: 현재의 계획
* 점선: 미래의 계획

  현재의 비즈니스와 미래에 추가할 비즈니스의 개체 및 세부
내용을 실선과 점선을 이용해 쉽게 표현할 수 있다. 실선과 점
선을 활용한 비즈니스 플로우의 다양한 사례는 4장에서 확인
할 수 있다.

▫ 이동항목 작성

  개체와의 관계를 화살표로 나타낸 후에는 개체 간에 이동하
는 세부적인 내용이 작성되어야 한다. 만약 세부적인 이동항목
이 작성되지 않으면, 서로 어떤 것들이 교류되는지 알 수 없다.

[이동항목이 없는 비즈니스 플로우]

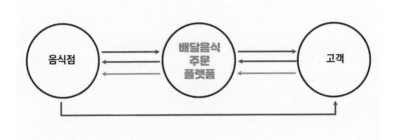

이동항목은 개체 간의 상호 관계를 화살표로 표시한 후에, 화살표의 상단이나 하단에 어떤 것들이 서로 이동하는지 세부적인 내용을 작성하는 것이다. 세부사항에 포함되는 내용으로는 정보 및 용역 제공, 구매, 결제, 배송, 수수료 등이 있다.

이때 현금을 표시하는 캐쉬 플로우는 하단에 일직선으로 연결되는 것이 좋다. 서비스 플로우와 캐쉬 플로우가 복잡하게 함께 있으면, 한눈에 이동 모습을 파악하기 어렵다.

[사례 1]과 [사례 2]를 비교하면 [사례 2]가 배열이 잘된 느낌을 받는다. 그 이유는 [사례 1]에서는 서비스와 현금의 위치가 동일하지 않지만 [사례 2]는 하단에 캐쉬 플로우가 정렬되었기 때문이다. 서비스와 현금의 흐름을 먼저 색상으로 구분하고, 현금 흐름을 하단에 배치하면 시각적인 효과를 더 높일 수 있다.

[사례 1]

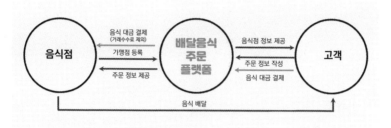

[사례 2]

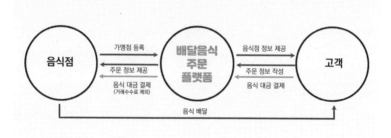

    이때 하단에 위치한 현금의 방향을 따라가면, 배달음식주문 플랫폼의 수익 모델을 알 수 있다. 배달음식주문 플랫폼에서 매출은 고객으로부터 발생되기 때문에 현금이 고객으로부터 출발해 플랫폼을 거쳐 음식점으로 이동하는 것을 알 수 있다.

▍ 순서 표시

화살표를 활용해 개체 간의 서비스와 현금의 흐름을 나타낼 수 있지만, 전체 비즈니스는 어떤 순서로 진행되는지 잘 알 수가 없다. 이때 전 단계에서 작성한 세부사항 앞에 1, 2, 3과 같이 번호를 삽입하면 전체 비즈니스의 진행 과정을 명확하게 설명할 수 있다.

[순서를 표시한 비즈니스 플로우]

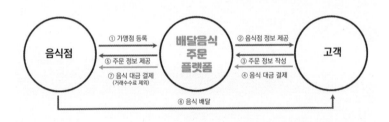

▍ 핵심요소 작성

비즈니스 플로우(Business Flow)가 완성되면 비즈니스 모델에 반드시 포함되는 핵심요소들을 작성한다. 핵심요소는 핵심 가치(What), 타깃 시장(Who), 수익구조(How)이며 표를 이용하면 간결하면서도 정확하게 설명할 수 있다.

핵심가치(What)	타깃 시장(Who)	수익구조(How)
무엇을 제공하는가?	누구에게 서비스를 제공하는가?	어떻게 수익을 얻을 것인가?

배달음식주문 플랫폼의 비즈니스 모델 핵심요소를 작성하면 핵심가치(What)는 공급자에게는 다수의 주문자를 연결하며, 수요자에게는 편리한 주문 및 결제시스템을 제공하는 것이다. 주요 타깃(Who)은 배달음식점과 스마트폰 의존도가 높은 20~30대이며, 수익구조(How)는 거래 수수료와 가맹점의 광고가 된다.

[배달음식주문 플랫폼의 핵심요소]

핵심가치(What)	타깃 시장(Who)	수익구조(How)
S : 다수의 주문자와 연결 D : 편리한 주문과 결제시스템	S : 배달음식점 D : 스마트폰 의존도가 높은 20~30대	거래 수수료 가맹점 광고

서비스와 현금 흐름은 분리하자

'서비스 플로우'와 '캐쉬 플로우'를 구분해 작성하기

ⅰ 서비스와 현금 분리하기

현금의 흐름은 비즈니스에서 대단히 중요하다. 현금이 융통 되지 않은 비즈니스는 유지될 수 없으며, 모든 비즈니스에는 개 체와 개체 사이에 현금이 움직이면서 유기적으로 작동한다. 여 기에서 현금의 움직임을 캐쉬 플로우라고 말한다. 비즈니스에 서 현금의 흐름을 서비스와 분리해 작성하면 수익 모델을 쉽게 이해할 수 있다.

비즈니스 플로우 = 서비스 플로우 + 캐쉬 플로우

서비스의 흐름과 현금 흐름을 동시에 작성하면 다음의 [사례 1]과 같다.

[사례 1. 서비스와 현금 흐름을 동시에 작성]

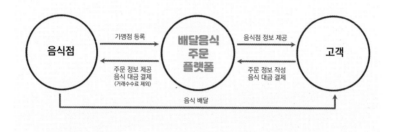

[사례 1]에서 서비스와 현금이 혼합된 항목을 서비스와 현금 흐름을 구분해 작성하며, [사례 2]와 같이 나타낼 수 있다.

[사례 2. 서비스와 현금 흐름 구분]

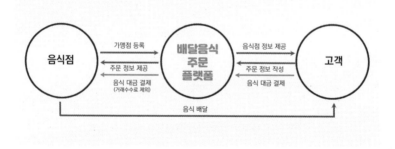

[사례 1]에서는 고객이 플랫폼에 결제한 대금과 가맹점등록,

주문 정보 제공 등이 섞여 복잡한 형태를 보인다. [사례 2]에서
는 다른 색상으로 현금이 이동하는 모습을 제시했기 때문에 플
랫폼의 수익을 곧바로 알 수 있다. 여기에서 수익은 고객이 결
제한 금액에서 음식점으로 대금을 보낼 때, 거래 수수료임을 확
인할 수 있다.

　더욱 알기 쉽게 서비스 플로우를 삭제하고 캐쉬 플로우만을
표시하면 [사례 3]과 같다.

[사례 3. 현금 흐름만 표시]

　일반적으로 서비스의 방향과 현금의 방향은 반대인 경우가 많
다. 여기에서도 서비스는 왼쪽에서 시작해 오른쪽으로 이동하
지만, 현금은 오른쪽에서 시작해 왼쪽을 향해 이동한다.

　이와 같이 비즈니스 플로우는 '서비스 플로우'와 '캐쉬 플로
우'를 구분해서 제시하면 한결 명확해진다.

　지금까지 전반적인 비즈니스 플로우 작성법에 대해 알아보았
으며, 이제부터는 개체의 숫자별로 비즈니스 플로우를 어떻게
작성하는지 살펴보자.

2개체 비즈니스 플로우 작성하기

기업과 고객이 곧바로 연결되는 비즈니스

2개체의 비즈니스 플로우는 기업이 직접 제품이나 서비스를 생산하여 고객에게 바로 판매하는 구조를 말한다. 제품을 직접 생산하거나 용역을 직접 제공하는 형태에 주로 사용된다. 이 구조는 중간 도매상이나 소매상을 거치지 않고 곧바로 고객에게 판매하는 방식이다. 따라서 개체는 2개만 존재하며, 유통 및 거래 비용을 절약할 수 있어 고객은 저렴한 가격으로 제품을 구매할 수 있는 장점이 있다.

농촌에서 농산물을 재배하여 유통업체를 거치지 않고 고객과 직거래하는 것이 대표적인 2개체 비즈니스이며, 구조는 비교적 단순하다.

농산물 직거래를 순서에 따라 비즈니스 플로우로 작성해보자. 먼저 비즈니스 개체를 결정한다. 농산물 직거래의 주요 개체는 농산물을 제공하는 '농부', 농산물을 구매하는 '고객'이 된다.

[농산물 직거래 개체 선정]

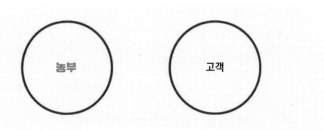

비즈니스에 필요한 개체 선정이 완료된 후에는 이들 간에 서비스나 현금이 이동하는 모습을 화살표로 나타낸다. 이때 서비스와 현금의 흐름은 다른 색을 사용한다.

[서비스/현금 흐름 표시]

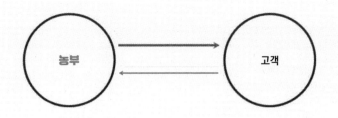

서비스와 현금 흐름 표시에 '농산물 제공', '구입비'와 같은 이동항목을 작성한다. 마지막으로 숫자를 사용해 순서를 표시하면 비즈니스 플로우가 완성된다.

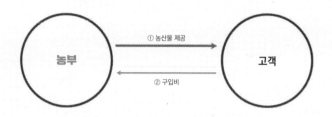

[농산물 직거래 비즈니스 플로우]

비즈니스 모델의 핵심요소들을 작성하면 비즈니스를 더욱 구체적으로 설명할 수 있다.

농산물 직거래의 핵심가치(What)는 유통비용을 절감해 가격이 저렴하며, 직접 농부에게 구입하기에 신선한 농산물을 구매할 수 있다. 타깃 시장(Who)으로는 주로 도시에 거주하는 주부들이며, 수익구조(How)는 농산물 판매 수익이 된다. 이 내용을 표로 나타내면 다음과 같다.

핵심가치(What)	타깃 시장(Who)	수익구조(How)
저렴한 가격 신선한 농산물	도시에 거주하는 주부	농산물 판매 수익

3개체 비즈니스 플로우 작성하기

기업과 고객 사이에 하나의 개체가 추가되는 구조

3개체 모델은 기업과 고객 사이에 개체를 한 개 추가하여 총 3개의 개체 간에 비즈니스가 운영되는 것을 말한다. 생산자나 서비스업체가 직접 고객을 접촉하기 어렵거나 고객 유치비용이 과다하게 소요될 때 사용된다. 이때 플랫폼은 2개의 개체를 서로 연결하는 역할을 한다.

다음은 숙박시설에 관한 문제점을 해결하는 '숙박예약 플랫폼'의 비즈니스 플로우를 작성하는 과정이다.

3개체 사례 : 숙박예약 플랫폼

☑ **문제점 분석**
  • **호텔**
  - 예약이 안 될 때 객실을 활용하지 못함(시간적 가치 상실)
  • **고객**
  - 어떤 숙박시설이 이용 가능하며, 저렴한지를 알지 못함

☑ **해결방안**
  - 플랫폼을 통해 할인된 숙박시설 정보 제공
  - 실시간 예약 및 결제 서비스 제공

야놀자, 여기어때, 데일리호텔 등과 같은 플랫폼은 숙박시설과 고객의 문제를 해결하고 모바일을 통해 실시간 예약 및 결제 서비스를 제공하고 있다. 초기에 호텔이나 모텔 예약 서비스를 주로 진행했던 선두기업들이 펜션 예약 플랫폼을 인수하면서 시장은 더욱 확대되고 있다.[40]

순서에 따라 숙박예약 플랫폼의 비즈니스 플로우를 작성해보자.

먼저 비즈니스 개체를 결정한다. 숙박예약 플랫폼의 주요 개체는 방을 제공하는 '숙박시설', 방을 사용하는 '고객' 그리고 둘 사이를 연결하는 '숙박예약 플랫폼'이 된다.

[숙박예약 플랫폼 개체 선정]

비즈니스에 필요한 개체 선정이 완료된 후에는 이들 간에 서비스나 현금이 이동하는 모습을 화살표로 나타낸다. 이때 정보, 제품, 용역 등의 서비스의 흐름과 현금의 흐름은 다른 색을 사용한다.

[서비스/현금 흐름 표시]

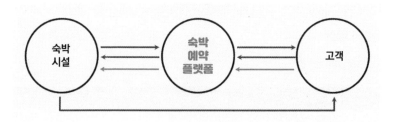

작성된 화살표의 상단과 하단에 이동항목을 작성하고, 마지막으로 숫자를 사용해 순서를 표시하면 비즈니스 플로우 작성이 완료된다.

[숙박 플랫폼의 비즈니스 플로우]

이후 표를 이용해 핵심요소들을 작성한다. 숙박예약 플랫폼의 핵심가치(What)는 숙박 시설운영자에게는 고객과의 편리한 연결로 공실 문제를 해결한다. 또한, 관광객에게는 저렴한 요금의 객실을 연결해 금전적인 이익을 제공한다. 타깃 시장(Who)으로는 숙박시설은 호텔, 모텔, 펜션 운영자들이며, 고객은 관광객이나 여행자가 된다. 플랫폼의 수익구조(How)는 결제 수수료와 가맹점의 광고가 수익이 된다. 이 내용을 표로 나타내면 다음과 같다.

핵심가치(What)	타깃 시장(Who)	수익구조(How)
S : 이용자와 편리한 연결 (공실 해결) D : 저렴한 객실 요금	S : 국내외 호텔, 모텔, 펜션 D : 관광객, 여행자	결제 수수료 가맹점 광고

.ıl 다양한 형태로 응용하기

비즈니스 플로우(Business Flow)는 객체 간의 역할에 따라 수평구조, 삼각형 구조 등 다양한 형태로 응용할 수 있다.

수평 구조는 다음과 같이 B가 직접 고객과 접촉하기 어려울 때 중간 개체인 A를 통해 서로를 연결하는 비즈니스에 주로 사용된다.

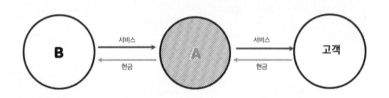

[수평 구조(3개체)]

삼각형 구조는 3개의 개체가 서로 연결되어 있다.

[사례 1]은 A와 B 양쪽 모두 고객과 직접 접촉하면서 B는 A에게 서비스(제품)를 제공받고 현금을 지급받는 형태다. 예를 들어 제조사 A가 다른 유통채널 B를 통해 제품을 판매하고 있지만, 자사도 직접 영업을 하는 비즈니스가 여기에 속한다.

[사례 2]는 A가 고객과 직접 접촉하면서 B를 통해 추가적인 서비스를 고객에게 제공하면서 B에게 현금을 지급받는 형태다. 예를 들어, 렌터카 회사 A가 고객으로부터 렌트 비용과 보

험료를 함께 받았을 때, 렌터카 회사는 보험회사 B에게 보험료를 지불하고, 보험회사가 고객에게 보험서비스를 제공하는 것을 말한다.

[삼각형 구조(3개체)]

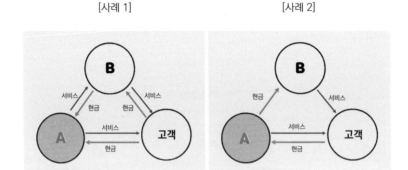

[사례 1]　　　　　　　　　　　[사례 2]

다수 개체 비즈니스 플로우 작성하기

비즈니스 가치사슬에서의 전후방 산업이 추가되는 구조

ᴵᴵᴵ 4개체 모델

4개체 모델은 기업과 고객 외에 2개의 주요 개체가 추가되는 구조를 말한다. 여기에서 추가되는 개체는 비즈니스 가치사슬에서의 전후방 산업의 개체이거나 비즈니스를 영위하는 데 필요한 개체들이다.

다음은 기존의 렌터카의 문제점을 통해 '차량 공유앱'의 비즈니스 플로우를 작성해보자.

4개체 사례 : 차량 공유앱

☑ 문제점 분석

- 렌터카 회사에서 차량을 대여 시 하루 단위로 대여
- 현재 사용 가능한 차량 정보 부족
- 면허증 관리 및 서류 작성 불편

☑ 해결방안

- 플랫폼을 구축해 10분 단위로 차량 대여
- 사용 가능한 차량에 대한 실시간 정보 제공
- 회원등록을 통한 편리한 예약 시스템

차량 공유앱은 기존에 렌터카를 이용하던 고객이 직면하는 다양한 문제점을 해결하고, 고객에게 플랫폼을 통해 편리한 서비스를 제공하고 있다. 갑자기 업무상 차량이 필요하거나 차량 소유와 유지비가 부담되는 고객들을 대상으로 서비스를 진행한다.

기존 렌터카와 차별점은 10분 단위로 차량을 대여하기 때문에 단시간 이용하는 운전자는 부담 없이 사용할 수 있다. 예약에서부터 자동차 도어 오픈, 차량 반납까지의 절차를 모두 플랫폼을 통해 진행한다.

4개체 모델은 주로 T자형 구조가 많이 사용되는데, T자형 구조는 개체의 모양이 알파벳 T와 유사하기 때문에 붙여진 이름이다.

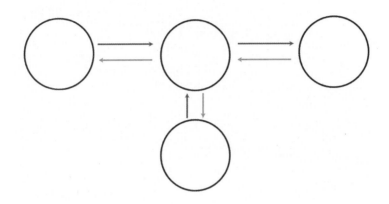

차량 공유앱에 대한 비즈니스 플로우를 작성하면 다음과 같이 T자형으로 구성된다.

서비스 플로우는 먼저 자동차업체에서 자동차를 제공하고 차량 공유앱은 자동차의 정보를 고객에게 제공한다. 고객은 자동차 정보를 검색 후 사용요금을 지불하고 자동차를 대여하게 된다. 이때 고객의 사용 요금의 일부가 보험사에게 제공되며, 보험사는 고객에게 보험서비스를 제공한다.

따라서 차량 공유앱의 수익은 고객의 사용요금에서 보험료와 자동차업체의 대여 수수료를 제외한 금액이 된다.

'ㅜ자형' 구조를 응용하면 반대 모양의 'ㅗ자형' 구조로도 작성할 수 있다.

[ㅗ자 형 구조(4개체)]

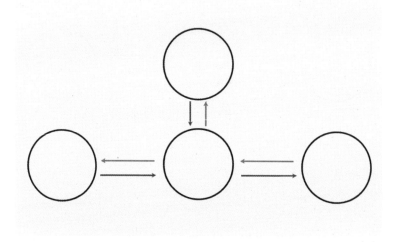

[차량 공유앱의 비즈니스 플로우 구조(4개체)]

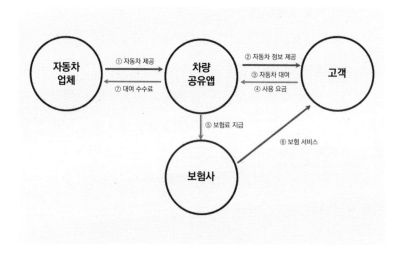

이외에도 5개의 개체를 활용한 비즈니스 플로우를 작성할 수 있다. 4개체 모형에 주차장 업체를 추가할 수 있는데, 차량 공유 앱 운영사는 주차장을 보유하고 있지 않다. 주차장을 매입하고 운영하는 부담에서 벗어나기 위해 대도시를 중심으로 호텔, 오피스텔, 대형 마트 등과 제휴해 이들의 주차장을 활용하고 있기 때문이다. 따라서 주차장을 보유한 업체에서는 주차장을 제공하고 이에 따른 반대급부로 수수료를 지급하고 있다.

기존에 작성된 4개체 모형에 주차장업체를 추가하면 다음과 같은 5개체의 모형이 된다.

[차량 공유앱의 비즈니스 플로우 구조(5개체)]

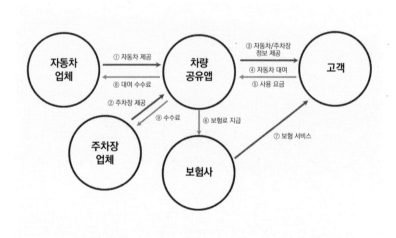

차량 공유 서비스에서는 청소에 대한 문제가 발생한다. 고객이 단시간 이용하지만, 쓰레기가 발생하기 마련이다. 가격이 저렴하고 서비스가 편리해 공유차를 이용하는데, 청소가 되지 않고 지저분할 경우 고객은 당황할 것이다. 이를 방지하기 위해 운행이 종료된 차량 내부를 정리 정돈해야 하는데, 이때 필요한 개체가 청소용역업체다.

따라서 자동차 공유 서비스는 고객, 자동차업체, 주차장업체, 보험사, 청소업체 등과 결합된 복잡한 비즈니스 구조를 갖는다. 기존에 작성한 5개체 비즈니스 플로우에 청소업체를 추가하면 다음과 같이 6개체 비즈니스 플로우가 완성된다.

[차량 공유앱의 비즈니스 플로우 구조(6개체)]

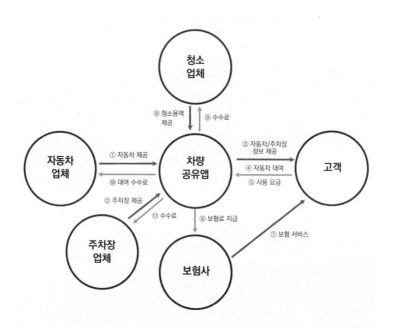

차량 공유앱의 비즈니스 플로우를 서비스 플로우와 캐쉬 플로우로 구분해 살펴보면 다음과 같다.

서비스 플로우는 먼저 자동차업체로부터 자동차를 제공받고, 주차장업체로부터 주차장 노면을 제공받는다. 사용 가능한 자동차의 정보와 자동차가 주차된 주차장의 정보를 고객에게 제공하면, 고객은 자동차를 대여한다. 보험사에서는 보험서비스를 고객에게 제공하며, 차량운행이 종료되면 다음 고객을 위해 청소용역업체가 자동차 청소를 진행한다. 차량 공유앱의 6개체의 캐쉬 플로우만을 분리하면 비즈니스의 수익을 더욱 쉽게 알 수 있다.

[차량 공유앱의 캐쉬 플로우 구조(6개체)]

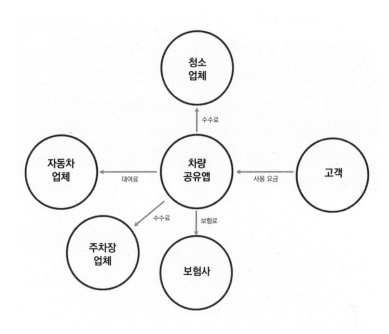

대부분 수익이 고객으로부터 출발하는 것처럼 이 모델에서도 고객으로부터 사용요금이 차량 공유앱으로 지급되면서 시작된다. 따라서 차량 공유앱의 수익은 캐쉬 플로우를 따라가면 되는데 고객이 지불한 사용 요금에서 보험료, 청소업체 수수료, 주차장업체 수수료, 자동차업체 대여료를 제외한 금액이 된다.

그 외에도 결제사(PG사), 자동차 수리업체 등 다양한 개체를 추가시킬 수 있다. 하지만 너무 많은 개체가 존재할 경우 전체적인 구조가 복잡해져 오히려 좋지 않다. 따라서 비즈니스 플로우는 비즈니스에 필요한 핵심적인 개체를 이용해 단순화시키는 것이 좋다.

비스니스에 참여하는 주요 개체가 너무 많다면 비즈니스가 잘 운영되기 어려운 경우가 많다. 주요 개체가 많으면 서로의 조건과 상황을 고려해야 하며, 상호 간에 복잡한 이해관계가 얽히게 되어 제품 및 서비스와 현금의 이동이 원활하지 못하게 된다. 또한, 개체가 많아질수록 현금 흐름에 따른 비용이 증가해 수익이 감소하게 된다. 잘 운영되고 수익이 많은 비즈니스일수록 비즈니스 플로우가 단순하다.

비즈니스 플로우 작성

자신의 아이디어를 비즈니스 플로우로 작성해보시오.

[비즈니스 명 :   ]

핵심가치(What)	타깃 시장(Who)	수익구조(How)

[비즈니스 명 :   ]

핵심가치(What)	타깃 시장(Who)	수익구조(How)

비즈니스 플로우 활용하기

아이템 검증에서부터 이해 관계자를 설득하는 데 활용된다

비즈니스 플로우는 원 페이지 비즈니스 모델과 함께 사용할 수 있지만, 독립적으로도 사용할 수 있다. 비즈니스 플로우는 작성이 간편하면서 비즈니스의 전반에 대해 명확히 설명할 수 있어 초기 아이템 검증, 사업계획서에 활용, 외부 이해관계자를 설득하는 데까지 다양하게 활용된다.

비즈니스 플로우는 시각적으로 비즈니스 내용을 제시해 짧은 시간에 비즈니스에 대한 개념과 각 개체 간의 관계, 서비스의 내용과 현금의 흐름까지 보여줄 수 있다. 따라서 사업계획서를 작성할 때는 애매한 표현이나 장황한 서술이 아닌 도식화된 정보를 제시하는 비즈니스 플로우를 활용하는 것이 좋다.

서비스나 플랫폼을 기획하는 사업계획서에서는 꼭 필요하며, 제품 개발을 위한 사업계획서에서는 사업화 전략이나 마케팅 전략에 시장진입 방안과 유통 전략으로 활용할 수 있다. 현재

R&D 사업계획서 심사에서도 사업화 전략을 중요한 평가 항목으로 구분해 많은 배점을 부여하고 있다.

.ıl 프레젠테이션 슬라이드에 활용하기

비즈니스 플로우는 시각적인 표현법으로 프레젠테이션을 진행할 때 유용하게 활용된다. 특히 단시간에 개체 간의 관계, 서비스 내용과 현금 흐름까지 보여줄 수 있으며, 슬라이드 상단에 텍스트와 함께 사용하면 더욱 구체적으로 비즈니스를 설명할 수 있다. 슬라이드의 구성은 비즈니스 모델명, 거버닝 메시지, 세부 내용, 비즈니스 플로우, 상호명이나 카피라이트 순서이며, 다음과 같은 레이아웃(Layout)을 설정할 수 있다.

[비즈니스 플로우를 활용한 슬라이드 레이아웃]

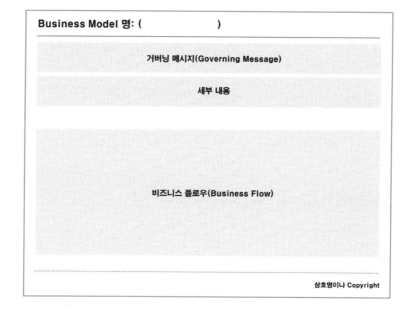

이 구성에 맞추어 거버닝 메시지(Governing Message)를 작성하고 추가 내용을 입력 후 비즈니스 플로우를 그려 넣는다.

거버닝 메시지는 헤드 메시지(Head Message)라고도 하는데, 슬라이드에서 말하고자 하는 내용을 요약해 1~2줄 정도로 작성한다.

다음과 같이 사회적기업인 '열린옷장'의 비즈니스 플로우를 활용해 사업계획서 슬라이드를 작성할 수 있다.

[레이아웃에 맞춘 슬라이드 내용]

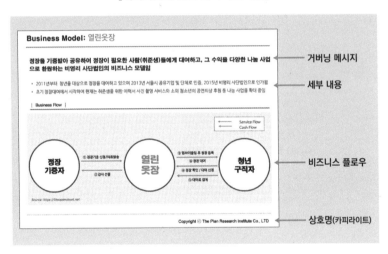

비즈니스 플로우로 도식화된 슬라이드는 비즈니스의 전체적인 모습을 보여줄 수 있으며, 프레젠테이션용 사업계획서를 만들 수 있다.

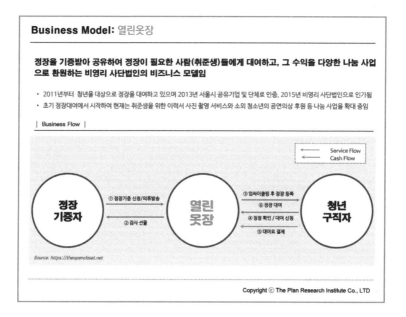

이와 같이 비즈니스 플로우를 활용한 사업계획서 슬라이드
는 시각적으로 비즈니스의 전반적인 구조를 보여주며, 효율적
인 의사소통에 도움을 주기 때문에 기획의 핵심 툴로 자리 잡
고 있다.

ONE
원 페이지 비즈니스 모델
PAGE
BUSINESS MODEL

비즈니스 모델
사례 분석

원 페이지

비 즈 니 스

모   델

공유경제 Sharing Economy 모델

공간, 제품, 정보 공유로 영역이 지속적으로 확대되고 있다

공유경제는 한 번 생산된 제품이나 서비스를 다수가 공유해 효율성을 극대화하는 것이다. 경제가 어려워지고 스마트폰의 확대와 다양한 플랫폼들이 개발되면서 공유경제에 대한 관심이 증대되고 있다.

공유경제 : 다수가 공유해 효율성을 극대화

일반적으로 공유경제에 활용되는 재화는 방, 주차장, 세미나실, 카페, 부엌, 장난감, 자전거, 공구, 정장, 비행기 등 매우 다양하다. 우리가 흔히 볼 수 있는 아이템 외에도 건설, 화학, 농축어업 등 아직 개발되지 않은 산업이 많아 시장 규모가 큰 분야에서부터 지속적으로 개척되고 있다.

.ıl 정보영역으로 확대되고 있는 공유경제

현재 공유경제의 영역이 공간, 운송, 제품(서비스)에서 정보 영역으로 확대되고 있다.

공간, 운송, 제품(서비스) 공유 → 정보 공유

4차 산업혁명으로 정보 공유가 점차 활성화되면서 '(공공)데이터', '경험 및 지식', '사진', '영상', '음원' 등의 정보가 더욱 가치를 지닌다. 이미 사진이나 영상은 유·무료 사이트를 통해 폭넓게 사용되고 있다.

유튜브의 기본 전략은 '무료 영상 공유'로 전 세계인이 자연스럽게 영상을 공유하는 것이며, 동영상 앱 틱톡(TikTok) 또한 '15초의 재미있는 영상을 공유'하는 것이다.[41]

공간과 제품은 공유하는 순간 대여료로 수익을 얻을 수 있는 반면에, 정보는 플랫폼을 활성화시켜 광고나 커머스 등을 연결해 수익을 얻는 방식으로 진행된다.

[공유경제의 구분]

공간 공유(공간 + 시간) → 방, 주차장, 세미나실, 카페, 부엌
운송 공유(운송기기 + 시간) → 자동차, 항공기, 자전거, 낚싯배
제품 공유(제품 + 시간) → 장난감, 책, 공구, 정장
정보 공유 → (공공)데이터, 경험, 사진, 영상, 음원

.ıl 공공데이터로 비즈니스 모델을 만들자

　행정안전부는 정부와 지자체가 보유하고 있는 공공데이터를 활용한 비즈니스를 활성화하기 위해 공공데이터 포털 사이트를 운영하고 있다. 이와 함께 다양한 비즈니스 모델 개발을 장려하기 위해 매년 공모전을 개최하고 있다.

[공공데이터 포털 사이트]

출처 : 공동데이터 포털(www.data.go.kr)

　이곳에서 제공하는 정보는 정부와 지자체가 보유한 데이터로 국토관리, 문화관광, 과학기술, 식품건강, 농축수산, 보건의료 등 분야가 다양하다. 이뿐만 아니라 기상청에서 제공하는 동네

기상 예보, 국토교통부의 버스 위치 정보, 한국환경공단의 대기오염 정보, 소상공인 시장공단의 상권 및 상가업소 데이터, 농산물 주요 품목가격 등 실시간으로 변하고 있는 데이터를 제공받을 수도 있다.

'모두의주차장', '네모', '날씨어때' 등 여러 플랫폼에서는 이곳에서 제공하고 있는 공공데이터를 활용해 서비스를 출시하고 있다.[42]

[공공데이터 활용 사례]

플랫폼	내용	활용 공공정보
모두의주차장	위치 주변의 공영 및 민영 주차장 정보 제공	공영주차장 현황
네모	상가, 원룸, 오피스텔, 빌라 등 부동산 정보 제공	아파트매매 실거래 정보 단독/다가구 매매 실거래 정보
날씨어때	그래프를 통해 직관적으로 날씨 정보를 제공	대기오염/측정소 정보 동네예보정보조회서비스
팜스토리	축산물의 도매가격정보 제공	축산물등급판정정보서비스 쇠고기 이력 정보 서비스
아이야 놀자	시도별 어린이를 위한 시설과 공연행사 정보 제공	전국 도서관 표준데이터 전국 박물관, 미술관 표준데이터

신규 비즈니스 모델 개발을 활성화하기 위해 정부 차원에서 대량의 공공데이터를 개방하고 있어 현재는 아이디어만 있으면 융·복합 서비스를 창출할 수 있다.

예를 들어 국토교통부에서는 항공 및 선박 운항 정보, 열차, 지하철 운행 정보, 버스노선 및 도착 정보 등을 제공하고 있다. 이

중 '버스 위치 정보'는 전국에서 운영되고 있는 시내버스의 실시간 위치 정보를 버스 노선별, 노선 정류소별로 조회가 가능하며, 도착예정시간도 제공된다. 이와 같이 실시간 교통정보와 다른 서비스를 융합하면 새로운 형태의 비즈니스를 구상할 수 있다. 산업 간의 경계가 무너지면서 융합적인 형태의 공유경제 비즈니스는 지속해서 증가할 것이다.

공유경제와 연관된 비즈니스 모델을 구상하고 있는 기획자는 '공공데이터 포털'을 이용하는 것을 적극적으로 추천한다.

세계에서 가장 비싼 공유 재화는 무엇일까?

바로 '항공기'이며, 공유경제 아이템 중 가장 고가의 재화인 '항공기'를 제공하는 기업이 바로 '비스타젯(Vistajet)'이다. 비스타젯은 세계 최초로 글로벌 비즈니스 항공기 쉐어링(Sharing) 서비스로 고객이 비행하는 시간에 대해서만 요금을 지불하는 비즈니스 모델이다.

비스타젯은 CEO, 고액자산가 등 기업, 개인들이 바쁜 시간에 세계 여러 나라를 이동할 때 발생하는 문제점을 해결하기 위해서 서비스를 시작했다.

☑ **문제점 분석**
 - 개인이 항공기를 소유할 시 고비용이 투자됨

- 지속적인 인건비, 보험료 등 관리비가 소요됨
- 안전성 확보 및 관리의 어려움

☑ 해결방안
- 회원제 항공기 공유 서비스 운영으로 비용 절감
- 운영 노하우, 전문 인력 등으로 안전성과 편리성 제공
- 편리한 예약 시스템 및 서비스 프로그램 제공

고객은 글로벌 일정을 빠르게 처리할 수 있고, 비행시간에 대해서만 비용을 지불하기 때문에 비행기를 소유할 때 발생되는 인건비, 보험료 등의 관리비와 경비를 절약할 수 있다.

이러한 장점으로 CEO, 고액자산가, 고위 공무원 등 정부, 기업, 개인 고객을 대상으로 매년 이용객이 증대되고 있다.

비스타젯이 제공하는 핵심가치는 가격 대비 최고 비행 솔루션으로 고객에게 '시간 활용 극대화'와 '비용 최소화'를 제공하는 것이다.[43] 공유경제 비즈니스는 재화의 수와 사용자 수가 증가할수록 급성장하는 구조를 갖게 되는데, 비스타젯의 경우에는 항공기 수와 취항 가능한 국가가 늘어날수록 고객에게 더 빨리 항공기를 제공할 수 있게 되어 그 가치가 증대된다.

기존 70여 대의 비즈니스 항공기를 운영했던 비스타젯은 현재 115대를 운영하고 있으며, 전 세계 187개국의 고객에게 서비스를 제공하고 있다.[44] 비스타젯의 전략은 최대한 빠른 속도

로 항공기 수를 늘리고, 취항할 수 있는 나라를 확대하는 것이다. 이 같은 전략은 고객에게 더욱 큰 가치를 부여해 락인 효과를 주며, 차후 경쟁자가 될 신규 진입자에게는 진입하기 어려운 비즈니스로 각인된다.

잠재적인 신규 진입자에게는 비스타젯의 많은 항공기와 운영 노하우, 전문 인력 등은 높은 진입장벽 역할을 한다. 항공기 한 대의 가격도 비싼데, 이미 수백 대의 항공기를 선도 기업이 보유하고 최고급 서비스를 제공하며, 안전성까지 확보되어 있어 쉽게 시장을 진입할 수 없다. 이렇듯 신규 진입자는 산업경쟁으로 고객 창출과 적정 수익률을 보장받지 못하면 진입을 고려하지 않게 된다.

이러한 이유로 비스타젯은 항공기 분야 공유경제에 독보적인 선도자의 지위를 장기간 누릴 것으로 예상된다.

비스타젯의 비즈니스 플로우를 살펴보면, 고객에게 항공기의 정보를 제공하면, 고객은 대여 신청을 하고 이용료를 결제한다. 이후, 고객은 제공된 항공기 서비스를 이용하게 된다.

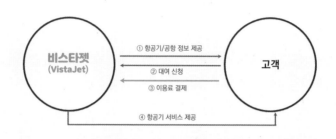

[비스타젯의 비즈니스 플로우]

비스타젯
(VistaJet)

① 항공기/공항 정보 제공
② 대여 신청
③ 이용료 결제
④ 항공기 서비스 제공

고객

핵심가치(What)	타깃 시장(Who)	수익구조(How)
가격 대비 최고 비행 솔루션 제공	CEO, 고액자산가, 고위 공무원 등 정부, 기업, 개인 고객	연회비 서비스 이용료

비스타젯은 빠른 속도로 항공기 비즈니스를 확대하고 있으며, 그 후 고객에게 제공하는 재화의 영역을 확대할 것으로 예상된다. 항공기를 공유해 비즈니스를 처리하는 고객들의 레저 활동은 무엇일까?

가장 이상적인 확대 영역은 고급 레저인 '요트 분야'일 것이다. 항공기와 요트는 고가의 운송수단이라는 공통점이 있으며, 타깃 고객이 동일하다.

항공기 쉐어링 + 요트 쉐어링

비스타젯은 자회사 설립 혹은 인수합병을 통해 '글로벌 요트 쉐어링(Sharing) 서비스'를 제공하는 회사를 운영한다면 아래와 같은 비즈니스 플로우를 그려볼 수 있다. 요트를 운영하는 개체에 대해서는 아직 특정되지 않아서 점선으로 표현했으며, 관련된 서비스와 캐쉬 플로우는 점선을 이용했다.

[비스타젯의 요트 분야 비즈니스 플로우]

이렇듯 비즈니스 플로우를 활용해 비즈니스 모델을 구상하면, 신규 사업이나 다양한 방향으로의 사업 확장을 보여줄 수 있다.

항공기 공유 서비스 비즈니스 모델

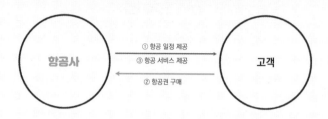

– 개인이 항공기를 소유할 시 고비용이 투자되며, 안전성 확보 및 관리의 어려움
– 지속적인 인건비, 보험료 등 관리비가 소요됨

해결방안(Solution)

– 회원제 항공기 공유 서비스 운영으로 비용 절감
– 운영 노하우, 전문 인력 등으로 안전성과 편리성 제공
– 편리한 예약 시스템 및 서비스 프로그램 제공

핵심가치(What)	타깃 시장(Who)	수익구조(How)
가격 대비 최고 비행 솔루션 제공	CEO, 고액자산가, 고위 공무원 등 정부, 기업, 개인 고객	연회비 서비스 이용료

정장 공유 - 열린옷장

정장을 기증 받아 취업준비생에게 제공한다

.ıl 옷장 안에 20%의 옷만 입는다?

외출을 위해 옷장을 살펴보면 그 많은 옷 중에 정작 입을 만한 옷이 없다. 유행이 지났거나, 체중이 늘어서 옷이 맞지 않거나, 선호하지 않는 디자인이나 색상으로 항상 입는 옷만 입게 된다. 이러한 이유로 옷장에서도 파레토 법칙이 잘 적용된다. 잘 입는 20%의 옷 외에 80%는 잘 입지 않고 공간만 차지하고 있다.

옷장에 방치된 정장은 나에게는 사용가치가 없지만 다른 누군가에게는 소중하게 사용될 수 있다. 방치된 정장을 기부하면 기업이 수선해 업사이클링(Up-cycling) 후, 대여하는 아이디어로 시작된 '정장 공유' 비즈니스 모델이 바로 '열린옷장(Theo-opencloset)'이다.

☑ 문제점 분석

• **취업준비생**
- 면접을 볼 때 마땅히 입을 정장이 없음
- 고가의 정장을 구매하는 데 부담이 됨

• **직장인**
- 옷장에 입지 않는 정장들로 수납공간 부족함
- 정장을 버리기에 아까움

☑ 해결방안
- 직장인으로부터 정장을 기부받아 취업준비생에게 제공함
- 옷장 공간을 확보할 수 있으며 나눔을 실현함

▪ı 취업준비생을 위한 정장을 공유하다

열린옷장은 정장을 기증받아 정장이 필요한 사람(취업준비생)들에게 대여하고, 그 수익을 다양한 나눔 사업으로 환원하는 비영리사단법인의 비즈니스 모델이다. '열린옷장'은 2011년부터 서울에 거주하는 취업준비생들을 대상으로 정장을 대여하고 있으며, 2013년 서울시 공유기업 및 단체로 인증, 2015년 비영리사단법인으로 인가되었다.[45]

열린옷장이 제공하는 핵심가치는 기증받은 정장을 업사이클링

(Up-cycling) 후 대여해 청년구직자에게 직접적인 도움을 주며, 청년 구직자를 위한 사회적인 기증 문화가 확대된다는 것이다.

열린옷장의 비즈니스 모델을 도식화하면 다음과 같다.

서비스 플로우는 '열린옷장'이 기증자로부터 정장을 기증받고, 감사의 선물을 기증자에게 보낸다. 기증받은 정장은 업사이클링 후 자산으로 등록되고, 청년구직자는 정장을 입어보고 대여한다.

여기에서 수익은 청년구직자로부터의 정장 대여료가 된다.

[열린옷장의 비즈니스 플로우]

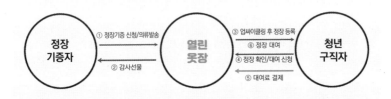

핵심가치(What)	타깃 시장(Who)	수익구조(How)
S : 기증 문화 확대 D : 정장 대여	S : 직장인 등 정장보유자 D : 청년구직자	대여료

정장 공유 서비스 비즈니스 모델

문제점(Problem)

취업준비생	일반인
면접 시 입을 정장의 부재 고가의 정장 구매 부담	옷장에 입지 않는 정장으로 수납공간이 부족함

해결방안(Solution)

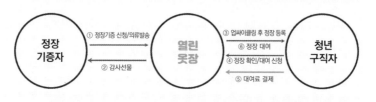

취업준비생	일반인
면접 시 입을 정장 확보	옷장 공간 확보 및 나눔 실현

핵심가치(What)	타깃 시장(Who)	수익구조(How)
S : 기증 문화 확대 D : 정장 대여	S : 직장인 등 정장보유자 D : 청년구직자	대여료

물반고기반

낚싯배 시장에서 독보적인 플랫폼으로 자리 잡다

📊 바다 및 민물 통합 낚시 O2O 서비스

우리가 물고기가 많은 곳에 갔을 때 '물 반, 고기 반이다'라고 하는데, 그 용어에서 착안된 브랜드로 낚시꾼을 대상으로 하는 비즈니스 모델이다. 물반고기반 앱은 전국 선상, 갯바위 낚시, 바다·연안·수상 낚시터 등 낚시 출조 예약을 지원하고 있다.

앱이 오픈되기 전에는 전국적으로 산재되어 있는 낚싯배의 가격, 제공 서비스, 현재 조항 상태, 낚시터의 위치 및 정보, 현장 모습 등과 같은 정보를 쉽게 찾을 수 없었다. 물고기가 잘 잡히는 낚시 포인트, 개별 낚싯배의 서비스 비용과 같은 정보는 공개된 곳도 없으며, 잘 알려주지도 않았다. '물반고기반' 창업 멤버들은 동해, 남해, 서해안을 돌면서 직접 현장에서 정보를 수집하고, 일일이 낚싯배 운영자(선장)와 계약을 맺고 회원으로 가입시켜 서비스를 오픈했다.

☑ 문제점 분석

고객
- 전국에 산재되어 있는 낚싯배의 가격, 제공 서비스 정보의 부족
- 어느 곳에서 고기가 잘 잡히는지 알 수 없음
- 이용자의 후기 등 만족도에 대한 정보 부족

낚싯배 운영자
- 자체 홍보 채널이 부족해 매출 저하
- 고객과 연결될 수 있는 유통채널 부족

☑ 해결방안
- O2O 플랫폼을 구축해 낚싯배에 대한 실시간 정보 제공
- 예약 및 결제 서비스 제공
- 조항, 물 때, 날씨 정보 제공

비공개된 전국 낚싯배의 정보를 알기 위해서 주요 항구를 찾아다니며 정보를 확보하고, 개별적으로 낚싯배와 제휴하면서 앱이 시장에 출시되었다. 이 과정에서 축적된 엄청난 양의 낚시 정보들을 수집했으며, 이용 가능한 낚싯배들을 한곳에 모아 실시간으로 서비스를 제공하니 낚시인들에게 필수 앱으로 소문이

나면서 비약적인 성장을 이루었다.

물반고기반은 앱 출시 후 약 2개월 만에 50만 다운로드를 달성했으며, 창업 3개월 만에 벤처캐피털로부터 50억 원의 투자를 유치했다. 이후 2차 투자를 받아 누적 투자금 120억 원에 달한다.[46] 이후 물반고기반 앱은 낚싯배 시장에서 독보적인 플랫폼으로 자리 잡았다.

물반고기반이 제공하는 핵심가치는 낚싯배 운영자에게는 다수의 낚시꾼들과 거래할 수 있는 기회를 제공하고 있으며, 플랫폼을 통해 쉽게 정보를 교류할 수 있다는 것이다. 또한 낚시꾼들에게는 낚싯배 정보를 통합해 제공하며, 간편 예약 서비스와 낚시 전문 지식을 제공하는 것이다. 물반고기반의 비즈니스 모델을 살펴보면, 낚싯배와 고객(낚시인)들을 연결하는 O2O 모형이다. 비즈니스 플로우를 살펴보면 다음과 같다.

서비스 플로우는 먼저 낚싯배의 정보를 앱에 등록하고 이들의 정보가 고객에게 제공된다. 이후 고객은 낚싯배를 예약하고 이용료를 결제하게 되면, 예약 정보는 낚싯배 운영자에게 전송되어 고객에게 서비스를 제공한다.

캐쉬 플로우 고객은 플랫폼에서 낚싯배 이용료를 지불하고 이후 플랫폼은 낚싯배에 수수료를 제외한 금액을 전송하게 된다. 그 외 부가적인 수익으로는 추천업체 광고료가 있다.

[물반고기반 비즈니스 플로우]

핵심가치(What)	타깃 시장(Who)	수익구조(How)
S : 다수의 거래 발생 D : 낚싯배 정보 및 간편 예약 서비스	S : 낚싯배 운영자 D : 낚시꾼	결제 수수료 추천업체 광고

.ıl '공간'에서 '수송'으로 확대되는 공유 비즈니스

O2O 비즈니스의 영역이 스페이스 공간(Space) 영역, 즉 호텔, 모텔, 펜션에서 수송(Transportation) 분야인 자동차, 낚싯배, 요트, 자전거 등으로 빠르게 확산되고 있다.

공간(호텔, 모텔, 펜션, 세미나실 등) → 수송(자동차, 자전거, 낚싯배, 요트 등)

각각의 아이템이 비즈니스 모델로 구축될 수 있으며, 아직 개척되지 않은 영역들은 차후 니치 마켓이 되어 신규 서비스들로 인해 정보가 개방·확장될 것이다.

물반고기반 O2O 플랫폼 비즈니스 모델

문제점(Problem)

낚싯배	고객
자체 홍보 채널 부족 및 매출 저하 고객과 연결되는 커뮤니티 부족	낚싯배의 가격, 제공 서비스 정보의 부족 이용자의 후기 등 정보 부족

해결방안(Solution)

- O2O 플랫폼을 구축해 낚싯배에 대한 실시간 정보 제공
- 예약 및 결제 서비스 제공
- 조항, 물 때, 날씨 정보 제공

핵심가치(What)	타깃 시장(Who)	수익구조(How)
S : 다수의 거래 발생 D : 낚싯배 정보 및 간편 예약 서비스	S : 낚싯배 운영자 D : 낚시꾼	결제 수수료 추천업체 광고

실패 사례 : 자전거 공유 - 오포 ofo

세계 최대 규모의 자전거 공유 서비스

'오포(ofo)'는 도시 내에서 단거리를 이동할 때 편리하게 사용할 수 있는 스마트 자전거 공유 서비스로, 노랑 자전거로 잘 알려져 있다. 오포의 사용자는 어플을 다운로드한 후 QR코드를 스캔하고 비밀번호를 입력하면 잠금장치가 해제되며, 그 후 1시간을 무료로 이용할 수 있다.

오포는 중국 대학교의 캠퍼스가 너무 커 이동하는 데 불편을 느낀 대학생 5명이 모여 북경 대학교에서 서비스를 시작했다. 이 서비스가 중국의 거대한 시장을 기반으로 빠르게 확대되었으며, 이후 1,000만 대 이상의 자전거를 보유할 정도로 빠르게 성장했다. 이 같은 성장을 기반으로 해외에 진출해 세계 약 250개 도시에서 자전거 공유 서비스를 제공했다.

그러나 2018년 10월, 잘나갈 것 같은 오포가 경영난으로 파산 신청을 했으며, 설립 후 4년 만에 회사 대부분의 업무는 중

단되었다.[47)]

승승장구했던 오포가 파산한 이유는 무엇일까?

1. 유사한 경쟁사의 대거 출몰과 마케팅 비용 확대

초기 자전거 공유 서비스를 시작한 오포의 성장 가능성을 보고 후발주자들이 급증했다. 오포의 경쟁사는 샤오밍(小鳴)단처, 유바이(優拜)단처, 샤오란(小藍)단처, 헬로바이크(HelloBike), 유니(由妳)단처, 조이바이크(JoyBike), 펀바이크(FunBike) 등으로 단기간에 동일한 시장에 진출했다.[48)]

짧은 시간에 엄청난 액수의 투자금이 오포와 이들 경쟁기업들에게 수혈되었으니, 자전거 공유 시장이 과다 경쟁 시장인 레드오션(Red Ocean)으로 변하게 되었다. 오포는 치열한 경쟁에서 확고한 선두자리를 굳히기 위해 마케팅 비용을 지속적으로 확대할 수밖에 없었다.

2. 자전거 구입 및 유지 관리 비용 증대

야외의 비, 눈, 바람, 햇빛과 같은 자연 환경을 극복해야 하는 자전거의 특성상 자전거는 지속적으로 관리를 해야 한다. 또한, 타이어 교체에서부터 부품 손·망실 비용 등 자전거를 관리하기 위한 비용이 예상외로 많이 필요했다. 따라서 자전거의 대수가 기하급수적으로 증가하면서 자전거를 구매하는 비용과 유지 관리비용이 함께 증가하는 구조를 가지고 있었다.

3. 추가적인 수익 모델의 부재

오포가 빠르게 많은 회원 수를 확보하기 위해 노력한 이유는 무엇일까? 바로 회원을 이용한 2, 3차 수익 모델 창출을 위함이다. 회원이 많아지면 그 안에서 다양한 거래 및 제품 판매가 가능하게 된다.

하지만 주요 수익 모델로 여겼던 자전거 차체 광고를 중국 정부에서 금지했고, 추가적인 수익 모델을 창출하기 전에 마케팅과 관리비용의 증가로 오포의 자금이 급속히 유출되었다.[49] 결국, 지출 대비 수익이 부족한 상태가 계속되어 회사가 어려움에 직면했다.

[오포의 파산 원인]

- 경쟁사 대거 출몰
- 과다한 마케팅 비용 지출
- 자전거 구입 및 유지 관리 비용 증가
- 추가적인 수익 모델 부재

오포의 비즈니스 모델을 살펴보면, 다음과 같다.

서비스 플로우는 먼저 오포에서 자전거 공급업체로부터 자전거를 구매한다. 이후 고객이 어플을 다운로드하고 회원에 가입해 일정 금액의 예치금을 결제한 후 자전거를 이용한다. 또한, 회원수를 증가시기기 위해 광고업체에게 광고를 의뢰한다.

캐쉬 플로우는 고객이 결제한 예치금에서 자전거 이용료가 차감되며, 자전거 구입비, 광고비로 이동하게 된다.

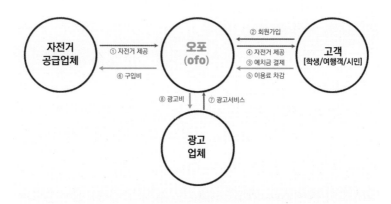

[오포의 비즈니스 플로우]

핵심가치(What)	타깃 시장(Who)	수익구조(How)
편리한 자전거 이용	대학생, 여행객, 시민	이용료

    중국에서 실패한 공유 자전거가 미국 하와이에서는 성공적으로 운영되고 있다.[50] 동일한 비즈니스 모델이 정부정책, 인프라, 문화, 자본 등에 따라 성공할 수도 있으며, 실패할 수도 있다. 그 예로 세계적인 공룡 기업인 월마트(Walmart)가 우리나라에서 철수했으며, 세계 1위 검색엔진인 구글이 검색시장에서 네이버를 이기지 못하고 있다.

    이렇듯 비즈니스 모델은 생명체와 같다. 어떤 환경에 있는지에 따라 성장할 수도 있고 적응하지 못하면 도태되기도 한다. 한편으로 너무 빠른 성장은 부작용을 가져오기도 한다.

긱 경제 Gig Economy 모델

필요할 때마다 임시적으로 고용한다

집들이를 위해 음식을 장만해야 하는데…
무거운 가구를 들어야 하는데…
공구를 사용해 가구를 조립해야 하는데…
갑작스러운 출장에 애완견을 맡겨야 하는데…
새집을 장만해 집 청소를 해야 하는데…

바쁜 생활 속에서 음식장만, 가구 조립, 집 청소 등 주위 사람들로부터 도움을 받았으면 하는 바람이 있다. 이때, 단시간만 인력을 고용하고 일한 만큼의 비용을 지불하면 문제를 해결할 수 있다. 이렇게 임시적으로 인력을 고용해 사용하는 비즈니스 형태를 긱 경제(Gig Economy)라고 한다.

긱 경제는 1920년대에 미국에서 시작되었다. 미국의 재즈(Jazz)의 열풍으로 곳곳에서 많은 공연이 열렸는데, 공연장에서는 연주자를 장기적으로 고용하기가 부담스러워했다. 매일 공연을 하는 것도 아니며 정식적인 고용관계가 되면 신경 써야 하는 일들이 생기기 때문이었다. 가장 좋은 대안으로 필요할 때마다 임시적으로 연주자를 섭외해 고용했던 것이 '긱(Gig)'으로 현재는 '임시로 하는 일이나 직장'을 뜻한다.

긱 경제는 다수의 일(Crowdwork)과 필요에 따른 공개 구인(Work-on-demand)의 특징을 보유하고 있다. 따라서 긱 경제는 위치기반 플랫폼을 활용해 다수의 군중을 대상으로 특정한 작업을 할당시켜 연결하는 비즈니스 모델이다.[51] 플랫폼과 긱 경제의 결합은 세계 노동시장에 변화를 불러와 단기 계약직의 근무형태를 증대시키고 있다.

집 청소, 심부름, 운전, 배송 등 여러 분야에서 긱 경제 모델의 플랫폼이 생겨나 단기적인 독립형 일자리가 점차 증가하고 있다. 국내에서도 청소, 아이 돌보미, 프로그램 개발, 에어콘 설치, 강의, 이벤트 행사 등 다양한 노동 시장에서 긱 플랫폼들이 생겨나고 있다.

긱 경제의 플랫폼에서 카테고리를 확장하는 전략은 '수평적(Horizontal) 확장'과 '수직적(Vertical) 확장'으로 구분된다.

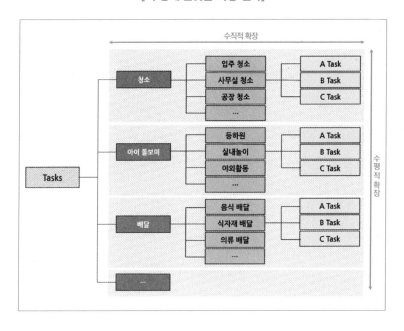

수평적인 확장이란 청소, 아이 돌보미, 배달, 장보기, 사무 작업 등 노동력과 시간이 요구되는 업무 카테고리를 확대하면서 플랫폼을 성장시키는 전략이다. 미국의 태스크래빗(Taskrab-bit)이 수평적인 확장의 예이다.[52]

태스크래빗은 IBM소프트웨어 엔지니어였던 리 부스케(Leah Busque)가 설립했으며, 사람들의 소소한 일을 도와주는 '심부름 사이트'로 알려져 있다. 단기 인력이 필요한 사람이나 회사에서는 업무 내용과 지급 할 금액 등의 고용정보를 플랫폼에 올리면 일할 수 있는 인력들과 연결된다. 태스크래빗은 청소, 아이 돌보미, 배달 등 수평적으로 카테고리를 확대해 거대한 고용

마켓을 구축했다. 현재는 이케아(IKEA)에게 인수되었고, 인수된 이후에는 이케아와 연관된 '가구 조립' 카테고리가 가장 상단에 위치해 있다.[53]

수직적 확장은 하나의 카테고리를 선정해 분야를 세분화시켜 전문적인 플랫폼을 구축하는 방식이다. 예를 들어 청소에 관한 카테고리를 선정한 후 입주, 사무실, 공장 청소 등과 같이 청소에 한정해 분야를 세분화하는 것이다. 이때에는 관련 분야에 특화된 시스템 구축이 가능해 구인, 구직인들에 추가적인 혜택을 줄 수 있다. 방문 견적, 쓰레기 처리, 하자 보증 등은 배달, 장보기, 아이 돌보미에는 필요하지 않지만 청소를 요청할 때는 고려해야 할 사항들이다. 청소 분야의 플랫폼에서는 고객의 니즈(Needs)에 따라 청소 서비스를 위한 여러 기능들과 정보를 제공할 수 있다. 이것은 사전에 서비스 범위를 명확히 하여 상호 간의 불필요한 분쟁을 줄이고 거래를 활성화하는 데 도움을 준다. 반면에 여러 카테고리가 함께 운영되는 수평적 확장에서는 분야별로 특화된 기능을 제공하기가 어렵다.

배달원 연결 -
도어대시 DoorDash

음식점과 배달원을 잇는 배달서비스

배달음식점에서의 주문은 점심이나 저녁 시간에만 집중되어 특정한 시간에 많은 인력이 필요하다. 하지만 배달 사원을 추가로 고용하면 고정적인 급여와 관리비가 발생한다.

주간 근무가 종료되어 퇴근 후 야간 시간과 주말을 이용해 추가적인 수익을 얻으려는 직장인과 일반인들은 단기적인 일거리를 찾는다. 하지만 자신이 원하는 시간만 근무할 수 있는 일자리는 구하기가 쉽지 않다.

이러한 문제를 해결한 플랫폼이 바로 '도어대시(DoorDash)' 배달 서비스다. 미국 스탠포드대학교에서 대학생들이 창업한 도어대시는 맥도널드, KFC, 스타벅스(Starbucks), 타코벨(Tacobell) 등 프랜차이즈와 제휴해 미국과 캐나다를 중심으로 서비스를 진행하고 있다. 도어대시의 차별점은 전문 배달원이 아닌 직장인이나 일반인들이 여유 시간에 음식을 배달한다는 것이다. 실제 이 서비스를 이용해 월 수백만 원을 벌고 있는 일반인들이 있으며, 자신의 실적을 유튜브에 공개하기도 한다.[54]

☑ 문제점 분석

• 배달 음식점
- 배달 사원 고용에 따른 급여 및 관리비 발생
- 특정한 시간에 많은 인력 필요(주문은 점심, 저녁에만 집중됨)

• 일반인
- 단기 근로를 통해 추가 수익을 창출을 원함
- 원하는 시간만 일할 수 있는 단기 구직이 어려움

• 고객
- 배달원이 부족해 음식을 배달 받지 못함
- 늦은 배달 시간과 배달 완료 시간을 알지 못함

☑ 해결방안

- 배달음식점과 시간 여유가 있는 일반인 배달원을 실시간으로 연결
- 주문접수에서부터 배송까지 알림 서비스 제공

도어대시의 배달원이 되는 자격요건은 까다롭지 않다. 배달원은 스마트폰, 우리나라의 주민번호와 유사한 사회보장번호(Social Security Number), 운전면허증, 운전 보험과 자동차나 오토바이 등의 운송수단만 있으면 된다.[55]

식당 음식을 학교나 집으로 배달시키면 식당으로 이동하는 시간을 줄일 수 있어 스마트폰 사용이 익숙한 20~30대를 대상으로 음식배달 플랫폼의 시장이 급성장하고 있다. 도어대시의 기업가치는 126억 달러이며, 최근 6억 달러를 투자 받아 1년 전에 비해 기업가치가 9배 성장해 도미노 피자의 시가총액보다 높아졌다.[56]

도어대시의 비즈니스 모델을 살펴보면 다음과 같다.

핵심가치는 배달원에게 다양한 거래를 연결해 수익을 제공하는 것이며, 주문 고객에게는 신속한 배달 서비스를 제공한다는 것이다. 배달 음식점에게는 다수의 일반인을 임시적으로 고용해 인력 문제를 해결한 것이다.

이러한 가치를 제공하기 위해 각 개체에게 편리한 IT솔루션을 제공하고 있다. 배달원에게는 음식 준비 상황을 알려주어 일찍 식당에 도달해 기다리는 데 시간을 낭비하는 것을 최소화시키고, 실시간 데이터 분석으로 최적화된 길을 안내한다. 또한 주문고객에게는 주문 후 실시간으로 배달 상황에 대한 정보를 알려주며, 음식점에게는 신속한 주문, 결제 정보와 배송 상황을 제공한다.

[개체별 제공 정보]

– 배달원 : 음식 준비 상황, 운송 최단 거리 정보
– 주문 고객 : 배달 상황 정보
– 음식점 : 실시간 주문 및 결제, 배송 상황 정보

서비스 플로우는 고객이 음식점에 주문하고 결제를 완료하면 주문 정보가 음식점에게 전달된다. 이후 배달원에게는 배달 가능여부를 묻는 콜이 발송되고 배달이 가능한 배달원이 콜을 접수한 후 음식점에서 음식을 수령해 고객에게 배달한다.

서비스 플로우는 고객이 도어대시에게 음식과 배달료를 지불하고, 도어대시는 음식점에 수수료를 제외한 음식료를 주며, 배달원에게는 배달료를 지급한다.

[도어대시 비즈니스 플로우]

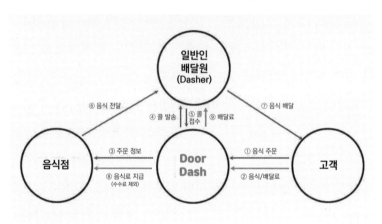

핵심가치(What)	타깃 시장(Who)	수익구조(How)
배달원 : 다수의 거래와 연결 고객 : 편리한 주문과 신속한 배달 서비스 음식점 : 일반인 임시적 고용	배달원 : 대도시 직장인 및 일반인 고객 : 스마트폰 의존도가 높은 20~30대 음식점 : 음식점 및 프랜차이즈	거래 수수료

ᴵᴵᴵ 자율 주행차를 이용한 비즈니스의 확장

도어대시의 성장이 예상보다 빠르다. 도어대시는 음식배달 외에 신선식품 배달도 진행하고 있다. 2~3일 걸리는 택배 서비스는 신선 식품을 배송하기 어렵지만, 위치 기반의 실시간 배송 서비스인 도어대시는 신선식품 배송도 가능하다. 차후 식료품 외에도 근거리 이동이 필요한 퀵서비스, 택배와 같은 물류 배송까지 확대될 것으로 예상된다. 이미 음식을 배달하면서 구축한 시스템과 빅데이터를 적용할 수 있기 때문이다.

또한, 제너럴모터스(GM)와 자율주행차를 이용한 배송 서비스를 준비하고 있으며, 자율주행으로 배달원이 없이 운송하는 비즈니스까지 고려하고 있다.[57]

이때는 다음과 같은 프로세스를 생각할 수 있다.

먼저 도어대시를 통해 주문이 접수된다. 이후 자율주행차에게 콜을 발송하고 콜을 접수 받은 자율주행차가 음식점에 도착하면 점원이 차량에 배달 음식을 싣는다. 이때 주문 고객은 앱에서 실시간 진행 상황을 확인 할 수 있다. 자율주행차가 고객이 있는 곳으로 음식을 배송하면, 고객이 자율주행차에서 음식을 접수하면서 배송이 완료되는 시스템으로 변화할 것이다.

현재 자율주행 차를 이용하는 배달은 샌프란시스코에 시범 테스트를 하고 있는데 차후 미국 대도시로 확대될 것으로 예상된다. 그 결과, 점차적으로 배달원의 수가 줄어들고 자율주행차가 배달원을 대신하면서 배달 문화가 변화될 것이다.

[도어대시 서비스 확장]

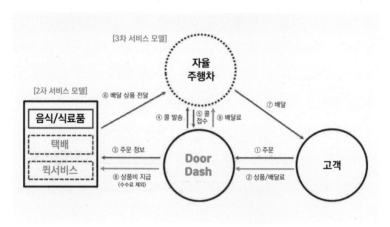

자율주행 시장이 성장하면서 물류시장에도 큰 변화가 생길 것
이다. 이처럼 비즈니스 모델은 현재 4차 산업 혁명과 접목되면
서 비약적으로 발전하고 있다.

도어대시 긱 경제 모델

문제점(Problem)

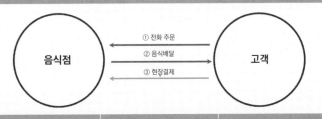

음식점	고객	직장인
- 배달 사원 고용에 따른 급여 및 관리비 발생 - 특정한 시간에 많은 인력 필요	- 배달원이 부족해 음식을 배달 받지 못함 - 늦은 배달 시간과 배달 완료 시간을 알지 못함	- 단기 근로를 통해 추가 수익을 창출을 원함 - 원하는 시간만 일할 수 있는 단기 구직이 어려움

해결방안(Solution)

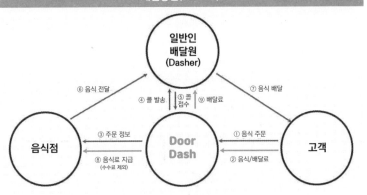

– 배달음식점과 시간 여유가 있는 일반인 배달원을 실시간으로 연결함
– 주문접수에서부터 배송까지 알림 서비스 제공

핵심가치(What)	타깃 시장(Who)	수익구조(How)
배달원 : 다수의 거래와 연결 고객 : 편한 주문과 신속한 배달 서비스 음식점 : 일반인 임시적 고용	배달원 : 대도시 직장인 및 일반인 고객 : 스마트폰 의존도가 높은 20~30대 음식점 : 음식점 및 프랜차이즈	거래 수수료

정기 구독 모델

지속적인 반복 구매로 꾸준한 수익을 창출하다

정기 구독형 모델은 아주 오래전부터 우리 주위에서 흔히 볼 수 있었던 비즈니스 모델로 매일 구독하는 신문이나 잡지, 식료품으로 우유와 요구르트 등이 있다. 현재 정기 구독품은 생활용품은 물론이며 예술품까지 지속적으로 확대되고 있다.

[구독 경제의 확대]

신문, 잡지 → 식료품(우유, 요구르트 등) → 생활용품(면도기 등) → 예술품(그림 등)

■ 정기 구독형 모델의 강점은 반복 구매다

단골은 '이용하는 업체를 선정하여 지속적 거래하는 손님'을 뜻하는 순 우리말로 이들에게는 좋은 서비스와 가격 할인으로 우대해준다.

정기 구독형 모델은 단골 손님과 같이 반복 구매의 강점을 지니고 있다. 매번 새로운 고객을 창출하기 위해서는 많은 비용이 소모되지만, 정기 구독을 하는 고객은 지속적인 반복 구매를 하기 때문에 높은 할인정책을 사용하더라도 꾸준한 수익을 창출할 수 있다.

이러한 장점으로 남성용 면도기(달러쉐이브클럽), 과일(돌리버리),[58] 유기농 농산물(만나박스),[59] 꽃(꾸까), 그림(핀즐)까지 정기 구독형 서비스가 확대되고 있다.

[주요 정기 구독형 서비스]

면도기 정기 배송 → 달러쉐이브클럽(Dollarshaveclub)
미술작품 정기 배송 → 핀즐(Pinzzle)
과일 정기 배송 서비스 → '돌(Dole)'의 돌리버리(Doleivery)
꽃 정기 배송 서비스 → 꾸까(Kokka)
유기농 농산물 배송 서비스 → 만나박스(Mannabox)

정기 구독형 비즈니스 모델에서 소비자는 양질의 제품과 서비스를 저렴하게 구매할 수 있으며, 공급자는 정기 구독을 사전에 받아 제품의 소요량을 파악할 수 있고 반복 구매를 통해 지속적인 수익을 확보할 수 있다.

면도기 정기 구독 - 달러쉐이브클럽

남성들에게 저렴한 면도기를 매월 정기적으로 제공하다

면도기로 잭팟을 터트리다

남성들은 깔끔한 외모를 유지하기 위해 매일 면도를 해야 한다. 이때 면도날은 소모품으로 매일 사용해야 하는데, 주기적으로 교체해야 하며 그 비용이 만만치 않다. 여기에서 문제점이 발생되며 비즈니스의 기회가 된다.

☑ 문제점 분석

- 남성들의 값비싼 면도날 사용으로 비용 부담
- 지속적인 고가의 면도날 구매 비용 발생
- 마트 및 편의점에서 직접 구매

☑ 해결방안

- 저렴한 면도날 제공
- 매월 정해진 날짜에 면도날 배송
- 비용 절감 및 편리성 제공

세계적으로 면도기를 정기 배송해 잭팟을 터트린 기업이 바로 '달러쉐이브클럽(dollarshaveclub)'이다.

'Shave Time, Shave Money!'의 슬로건과 함께 '달러쉐이브클럽'은 2011년에 설립되었으며, 한 달에 1달러(배송비 2달러 별도)만 지불하면 2중 면도날을 매월 배송해주는 서비스로 시작했다.[60] 이후 제품 수준을 올려 4중, 6중 면도날을 공급하면서 가격을 올려 수익을 증대시켰다.

달러쉐이브클럽 창업자의 유튜브 동영상은 온라인 마케팅 사례로 활용될 정도로 시장에 큰 영향을 주었다. 젊은 CEO의 자신감을 유머러스하게 표현했고, 시청자들의 기억에 남길 수 있는 포인트만을 영상에 사용했다.[61]

달러쉐이브클럽이 제공하는 핵심가치는 저렴한 면도날을 정기적으로 배송하는 것으로 고객의 경제적 부담을 줄이며 편의성을 증대시켰다.

달러쉐이브클럽의 비즈니스 모델을 살펴보면 다음과 같다.

서비스 플로우는 고객이 정기 구독 신청에서부터 시작된다.

이후 면도기 제조사(OEM)에게 제품 주문하고 제품을 제공받으면 포장해 고객에게 면도기와 면도날을 제공한다.

캐쉬 플로우는 고객으로부터의 구독료가 달러쉐이브클럽을 거쳐 면도기 제조사에게 이동하는 형태로 고객 구독료에서 면도기 제조사에게 지급하는 제품비용을 차감하면 수익이 된다.

[달러쉐이브클럽 비즈니스 플로우]

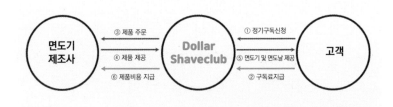

핵심가치(What)	타깃 시장(Who)	수익구조(How)
저렴한 면도날 제공 정기 배송	면도날을 사용하는 남성 대상	면도날 판매

정기 구독의 장점은 고객이 매월 정기적으로 구독하기 때문에 정확한 주문 수량을 산출할 수 있어 재고에 대한 부담이 적으며 사전에 현금 흐름 계획을 수립할 수 있다.

달러쉐이브클럽은 서비스 시작 후 5년 만에 300만 명 이상의 회원을 확보했으며, 유니레버에 10억 달러에 매각되었다.[62]

면도기 정기 구독 서비스 비즈니스 모델

문제점(Problem)

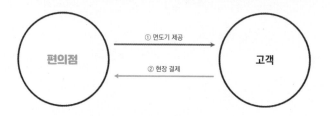

- 남성들의 값비싼 면도날 사용으로 비용 부담
- 지속적인 고가의 면도날 구매 비용 발생
- 마트 및 편의점에서 직접 구매

해결방안(Solution)

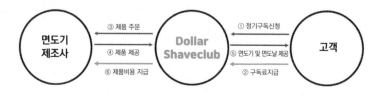

- 저렴한 면도날 제공
- 매월 정해진 날짜에 면도날 배송
- 비용 절감 및 편리성 제공

핵심가치(What)	타깃 시장(Who)	수익구조(How)
저렴한 면도날 제공 정기 배송	면도날을 사용하는 남성 대상	면도날 판매

그림 정기 구독 -
핀즐 Pinzle

국내 최초 홈쇼핑에서 정기 구독 서비스를 판매하다

'핀즐(Pinzle)'은 독일어로 '화풍'이라는 뜻이며, 매월 1명의 아티스트를 선정해 A1 사이즈로 작품을 소개하고 고객에게 작품을 배송하는 서비스를 제공한다.

핀즐은 매월 새로운 A1 사이즈의 대형 아트 프린트 작품과 아티스트 정보가 담긴 매거진, 작품 소개 영상을 고객들에게 배송한다.[63] 이때 영상은 유튜브를 이용한다.

A1 사이즈 아트 프린트 작품 + 매거진(핀즐노트) + 영상콘텐츠(핀즐필름)[64]

국내에 잘 알려지지 않은 해외 신진 작가 위주로 섭외를 진행하며, 직접 해외에서 작가를 만나 인터뷰를 한 후, 작가의 작품을 고객에게 매달 택배로 배송한다. 인터뷰 영상은 유튜브에 업로드되기 때문에 국내뿐만 아니라 해외에까지 자연스럽게 홍보가 된다. 고객은 배송받은 작품을 그린 해외 작가에 대해 더욱 상세히 알 수 있게 되어 작가, 고객, 핀즐 3개체 모두에게 이익이 되는 구조다.

핀즐의 그림 정기 구독 서비스는 현대홈쇼핑에서 판매되었는데 그림 정기 구독 제품이 TV홈쇼핑에서 소개된 것은 국내 최초였다.[65]

☑ 문제점 분석

- **고객**
  - 고가의 아트 프린트 작품에 대한 부담
  - 아트 프린트 작품에 대한 이해 부족
- **작가**
  - 국내 홍보 채널 부족
  - 국내 예술 시장에 대한 정보 부족

☑ 해결방안

  - 저렴한 아트 프린트 제공
  - 매월 정해진 날짜에 아트 프린트 배송

핀즐의 핵심가치는 매달 새로운 예술품을 정기적으로 배송하는 것이다.

핀즐의 비즈니스 플로우를 살펴보면 다음과 같다.

서비스 플로우로 개체는 크게 핀즐, 국외 작가, 고객 그리고 인쇄업체가 된다. 고객은 구독신청을 하면서 구독료를 지불하고, 핀즐은 매월 국외 작가를 섭외하고 계약 및 인터뷰를 진행한다. 이후 인쇄업체에서 작품 인쇄 및 배송이 진행되는 순서로 진행된다.[66]

캐쉬 플로우는 고객으로부터의 정기적인 구독료 수익에서 인쇄 및 배송 비용과 해외 작가의 저작권료를 차감하는 것이다.

[핀즐의 비즈니스 플로우]

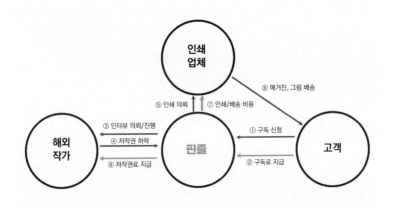

핵심가치(What)	타깃 시장(Who)	수익구조(How)
S : 작품 홍보 및 추가 수익 D : 매달 새로운 예술품 배송	S : 국외 작가 D : 예술품 구매를 원하는 개인·기업	예술품 구독료

이와 같이 정기구독형 모델에 대한 아이템은 문화예술 외에도 다양한 분야로 확대될 것이며, 앞으로 성장 가능성이 크다.

그림 정기 구독 서비스 비즈니스 모델

문제점(Problem)

해외작가	고객
국내 홍보 채널 부족 국내 예술 시장에 대한 정보 부족	고가의 아트 프린트 작품에 대한 부담 아트 프린트 작품에 대한 이해 부족

해결방안(Solution)

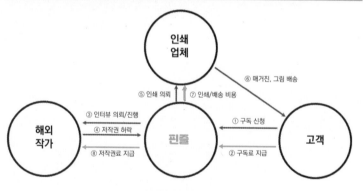

- 저렴한 아트 프린트 제공
- 매월 정해진 날짜에 아트 프린트 배송

핵심가치(What)	타깃 시장(Who)	수익구조(How)
S : 작품 홍보 및 추가 수익 D : 매달 새로운 예술품 배송	S : 국외 작가 D : 예술품 구매를 원하는 개인·기업	예술품 판매

꽃 정기 구독 -
꾸까Kukka
고정관념에서 벗어나 꽃을 배송하다

.ıl 국내 최초, 꽃을 정기 배달하다

꽃을 싫어하는 사람이 있을까? 꽃에는 사랑을 행복하게 만드는 마법이 있다. 꽃은 아름답고 향기가 좋기 때문에 그냥 바라만 봐도 기분이 좋다. 하지만 꽃은 일반적으로 생일이나 졸업식과 같이 특별한 날에 선물하거나 받는다. 연인, 가족, 직장 동료 그리고 자기 스스로를 위해 정기적으로 꽃 선물을 보내준다면 어떨까?

kukka는 핀란드어로 '꽃'을 의미한다. 꾸까는 국내 최초 꽃을 정기 구독하는 비즈니스 모델을 개발해 'Live everyday with beautiful flowers' 슬로건과 함께 2014년부터 서비스를 제공하고 있다.⁶⁷⁾

누구나 꽃을 갖고 싶지만, 꽃을 택배로 배송받는 것은 쉽지 않다. 꽃은 빨리 시들고 배송 시에 꽃잎이 떨어질 수 있으며, 그 모양을 그대로 유지하기 어려워 배송에 어려움이 따른다. 하지만 사고의 관성을 타파하면 새로운 아이템이 탄생하기 마련이다. 사고의 관성은 일반적으로 고정관념이라고도 한다. 다음은 기존의 고정관념에서 벗어나 새로운 아이템을 개발한 사례다.

[사고의 관성을 타파한 아이템]

가스의 유해성 → 가스 없이도 불을 켤 수 있다 → 인덕션
휴대용 저장기기 분실 위험 → 온라인에서 파일을 저장한다 → 클라우드 서비스
화재 및 자기장의 영향 → 자기장의 영향이 없이 물로 사용한다 → 온수 매트
많은 기름 소비 → 기름 없이 요리할 수 있다 → 에어프라이어

꽃이 빨리 시들고 날씨에 영향을 받는 문제는 보냉팩을 사용했고, 배달 중에 손상되는 것은 택배 상자를 개량해 고객에게 안전하게 전달하는 시스템을 갖추었다.

☑ **문제점 분석**
- 꽃을 선물하고 싶지만, 배송 중에 손상이 발생함
- 꽃을 선정하고 디자인하기 어려움

- 정기 구독으로 고정적인 꽃 배송
- 전문가가 제작한 꽃 제공
- 배달에 안전성을 갖춘 시스템 구축

꾸까의 핵심가치는 저렴하면서도 세련되게 디자인된 꽃을 정기적으로 배송하는 것이다. 또한, 다음과 같은 부가적인 서비스를 제공한다.

- 꽃을 고정하는 택배 상자
- 보냉팩 포장
- 빠른 배송
- 예쁜 포장 박스
- 꽃에 대한 상세한 설명

꾸까의 비즈니스 플로우를 살펴보면 다음과 같다.

서비스 플로우는 고객이 정기 배송을 신청하면, 플로리스트가 계절에 맞는 꽃다발을 디자인하고 꽃 제공업체로부터 제공받은 꽃을 이용해 제작한다. 캐쉬 플로우는 고객의 정기 배송료가 꾸까에게로 이동하면, 꾸까에서는 꽃 매입비, 디자인 용역비가 지급된다.

[비즈니스 플로우]

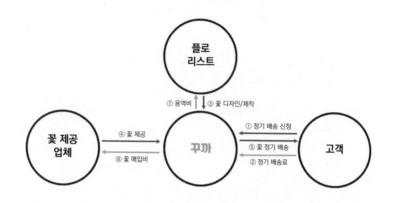

핵심가치(What)	타깃 시장(Who)	수익구조(How)
세련되게 디자인된 꽃을 정기 배송	꽃을 좋아하는 25~40대 여성	꽃 구독료

　회원이 증가하면 고객의 다양한 니즈를 충족시키기 위해 여러 비즈니스가 창출된다. 꾸까는 정기 배송이 아닌 당일 바로 구매를 원하거나, 많은 양의 꽃을 구매하고자 하는 고객을 대상으로 즉시 구매가 가능한 서비스를 출시했다. 이는 장기간 꽃 생산업체와 긴밀한 유통 채널을 구축해놓았기 때문에 어렵지 않게 고객의 요구 사항을 해결할 수 있었다.

　꾸까는 시간이 지날수록 비즈니스 네트워크가 확장되면서 꽃 구매 규모가 커지며 거래상 우월한 지위가 향상되는 바잉파워(Buying power)를 갖게 된다. 이로 인해 현재는 당일 판매 및 포장 필요 없이 다량으로 구매하고자 하는 고객을 대상으로 '단' 단위로 판매하는 서비스인 파머스 마켓을 확대해 제공하고 있다.[68]

정기 배송에서 시작한 서비스는 당일 배송, 대량 판매 서비스를 거쳐 지속적으로 비즈니스 영역이 확대되고 있다.

꽃 정기 구독 서비스 비즈니스 모델

문제점(Problem)

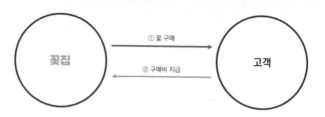

   - 꽃을 선물하고 싶지만, 배송 중에 손상이 발생함
    - 꽃을 선정하고 디자인하기 어려움

해결방안(Solution)

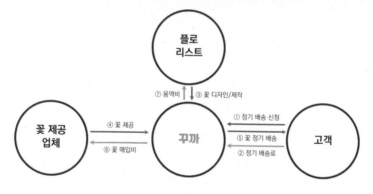

   - 정기 구독으로 고정적인 꽃 배송
    - 전문가가 제작한 꽃 제공
   - 배달에 안전성을 갖춘 시스템 구축

핵심가치(What)	타깃 시장(Who)	수익구조(How)
세련되게 디자인된 꽃을 정기 배송	꽃을 좋아하는 25~40대 여성	꽃 구독료

타임커머스 모델 - 데일리호텔 Dailyhotel

호텔을 세일하다

📊 시간이 지나면 가치가 하락한다

타임커머스(Time Commerce)는 특정 시간이 지난 후에는 제품의 가치가 하락하는 재화를 사전에 할인해 판매하는 것을 말한다.

비행기는 단 한 명이 탑승해도 예정된 시간이 되면 이륙해야 하는데, 이때 항공사는 큰 손해를 감수해야만 한다. 만약 마감 시간이 가까워질 때까지 탑승객이 모이지 않을 경우, 저렴하게라도 판매해 추가적인 탑승객을 모은다면 손해를 줄일 수 있다.

비단 비행기와 같은 운송수단뿐만 아니라 호텔, 모텔과 같은 숙박시설, 공연, 영화와 같은 문화시설, 유통기한이 임박한 음식물까지도 타임커머스의 재화가 될 수 있다. 경기가 좋지 않아 소비자는 값싼 제품이나 서비스를 찾고 있어 타임커머스의 시장은 더욱 확대되며 그 종류도 다양해지고 있다.

주위를 둘러보면 타임커머스로 사용될 수 있는 것들이 상당히 많다. 하지만 초기부터 여러 아이템을 동시에 진행하는 백화점식 플랫폼은 집중력을 발휘하지 못해 활성화가 어렵다.

ll 호텔을 세일하다

데일리호텔(Dailyhotel)은 마감 시간이 지나면 서비스 가치가 급격하게 하락하는 숙박시설(호텔, 펜션, 리조트)의 정보를 제공하는 '타임커머스' 플랫폼이다.[69]

데일리호텔은 호텔과 숙박객의 문제를 해결하고 있다. 호텔들이 당일까지 예약이 잡히지 않아 남는 객실을 처리하지 못한 고민이 있었으며, 갑자기 호텔이 필요한 고객은 당일 어떤 호텔에 여유 룸(Room)이 있는지 알지 못한다. 이러한 양쪽의 문제를 데일리호텔이 해결하는 것이다.

☑ 문제점 분석
• 호텔
- 예약이 안 될 시 객실을 활용하지 못함(시간적 가치 상실)

- **고객**
  - 어떤 숙박시설이 이용 가능하며, 저렴한지를 알지 못함
- ☑ **해결방안**
  - 플랫폼을 통해 할인된 호텔 정보를 제공
  - 실시간 예약 및 결제 서비스 제공

현재는 국내뿐만 아니라 해외 호텔로 확장해 예약 서비스를 시행하고 있으며, 전 세계 210개국 약 38만 개 호텔에 대한 예약 서비스를 하고 있다.[70]

데일리호텔의 핵심가치는 호텔에게 시간이 지나면 가치를 상실하는 룸(Room)을 이용자에게 연결시켜 공실 문제를 해결해주는 것이다. 또한 고객에게는 원하는 지역에 저렴한 요금의 객실을 연결하여 금전적인 이익을 제공한다.

비즈니스 플로우를 살펴보면 다음과 같다.

서비스 플로우는 호텔들이 데일리호텔에 할인가 등록을 하면, 숙박시설 및 할인 정보가 여행객에게 제공된다. 여행객은 검색을 통해 최적의 호텔을 찾아 예약하고 곧바로 결제한다. 이후 예약자 정보는 호텔에 제공되며, 호텔은 여행객에게 숙박시설을 제공한다.

캐쉬 플로우는 여행객이 결제한 숙박료가 데일리호텔을 통해 호텔로 이동하는데 이때 데일리호텔은 거래 수수료에 대한 수익이 발생한다.

[데일리호텔의 비즈니스 플로우]

핵심가치(What)	타깃 시장(Who)	수익구조(How)
S : 이용자와 편리한 연결 (공실 해결) D : 저렴한 객실 요금	S : 국내외 호텔 D : 관광객	결제 수수료 가맹점 광고

▪︎❚ 레스토랑의 문제를 해결하다

데일리호텔은 레스토랑 분야도 호텔과 유사한 문제를 보유하고 있어 타임커머스 모델을 레스토랑에도 적용했다. 고객이 충분치 않으면 식재료 처리의 어려움이 발생되며, 일반적으로 특정된 시간에만 집중적으로 고객이 몰리는 현상으로 테이블 회전율이 좋지 않다.

고객에게는 할인된 가격에 호텔식의 고급 음식을 제공하고, 레스토랑은 시간대를 분산시켜 고객을 맞이하게 할 수 있으며, 예약과 결제가 동시에 되기 때문에 '노쇼'의 문제도 자연스럽게 해결할 수 있었다. 현재 호텔과 레스토랑의 예약 서비스를 제공하는 데일리호텔은 차후 재화를 확장할 것으로 예상된다. 가장 이상적인 분야는 여행 관련 분야일 것이다.

호텔 → 레스토랑 → 여행

여행 분야에서도 관광지 입장료 할인이 좋은 아이템이 될 것이다. 관광지 입장료도 타임커머스의 매력적인 재화가 되며 이용하는 고객군도 유사하기 때문이다. 관광지는 큰 할인을 제공하더라도 많은 고객이 입장하면 할수록 내부에서 판매할 수 있는 음식, 체험, 렌트 수익을 증대시킬 수 있으며, 고객은 할인 혜택으로 금전적인 이익을 얻을 수 있다. 입장료 외에도 관광지 내의 놀이기구, 체험 프로그램 등으로 확대가 가능하다.

[데일리호텔의 서비스 확장 비즈니스 플로우]

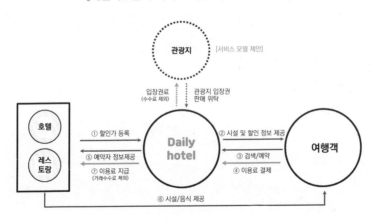

호텔 타임커머스 비즈니스 모델

문제점(Problem)

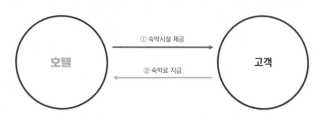

호텔	고객
예약이 안 될 시 객실을 활용하지 못함 (시간적 가치 상실)	원하는 지역에 할인이 되는 호텔이 어디인지 모름

해결방안(Solution)

– 플랫폼을 통해 할인된 호텔 정보를 제공
– 실시간 예약 및 결제 서비스 제공

핵심가치(What)	타깃 시장(Who)	수익구조(How)
S : 이용자와 편리한 연결 (공실 해결) D : 저렴한 객실 요금	S : 국내외 호텔 D : 관광객	결제 수수료 가맹점 광고

집단지성 모델

온라인 군중과 문제를 해결한다

집단지성은 온라인에서 크라우드소싱(Crowdsourcing)을 활용해 비용이나 시간을 단축해 효율적으로 문제를 해결하는 것이다.

> *__크라우드소싱(Crowdsourcing)__: 미국 와이어드(Wired) 매거진의 제프 하우(Jeff Howe)가 만든 신조어로 군중(crowd)과 아웃소싱(outsourcing)을 합성한 말이다.[71]

▂▃ 세계 최대 집단지성 모델은?

세계 최대 집단지성 모델은 우리나라의 네이버 지식인(kin.naver.com)이다. 누적 답변 수가 무려 323,941,634개이며, 현재도 지속적으로 답변 수가 증가하고 있다.[72]

네이버 지식인은 '질문'과 '답변'으로 이루어져 있다. 질문자가 지식인 게시판을 통해 질문을 올리면, 대한의사협회, 공인노무사회, 서울지방변호사회 등 전문가 집단과 개인들이 다양한 문제 해결방안을 제시하게 된다. 이후 질문자는 답변 중 최적 안을 채택하게 되는데, 이때 네이버는 답변자에게 '내공' 점수를 부여한다.

이것을 비즈니스 플로우로 나타내면 다음과 같다.

[네이버 지식인의 비즈니스 플로우]

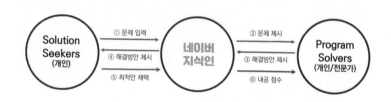

네이버 지식인은 본원적인 서비스에서는 수익을 얻을 수 없다. 질문자(Solution Seekers)들로부터 비용을 받지 않기 때문이다. 그럼 어떻게 수익을 얻을 수 있을까?

네이버는 지식인 플랫폼을 자유롭게 오픈해 누구든지 플랫폼에 방문할 수 있으며 질문자와 답변자들로부터 지식 콘텐츠를 얻을 수 있다. 여기에서 생성된 수많은 지식 콘텐츠들로 인해 방문자가 증가하고 플랫폼의 활성화되면서 더욱 많은 질문과 답변 콘텐츠가 생겨난다. 그 결과, 방문자는 더욱 증가하는 선순환 구조를 갖는다.

이러한 방문객들로 인해 네이버는 광고 수익을 창출할 수 있다. 무료로 운영되지만, 양쪽의 질문자와 답변자들로 인해 광고 클릭 수가 증가해 광고수익을 창출할 수 있다.

[네이버 지식인의 4개체 비즈니스 플로우]

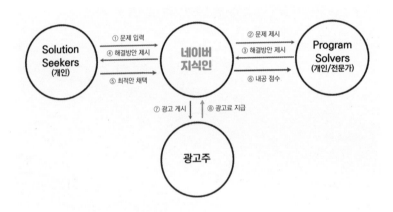

문제해결 -
이노센티브 Innocentive
세계 전문가들과 함께 문제를 풀다

▌▌ 세계 전문가과 함께하는 집단지성 사이트

기업이 내부에서 풀리지 않는 문제를 해결하는 방법은 무엇일까? 흔히 사용할 수 있는 방법은 외부의 컨설팅 기관에게 의뢰하는 것이다. 하지만 컨설팅은 다수의 컨설턴트가 장기간 프로젝트에 투여되기 때문에 시간과 비용의 부담이 클 수밖에 없다. 더 큰 문제는 컨설팅으로부터 제공 받은 해결방안이 최적안이 아닐 수 있다는 것이다.

우수한 전문가들이 전 세계에 있는데 이들로부터 해결안을 받아 볼 수 있을까? 하는 물음에서 '오픈 이노베이션(Open Innovation)방식'의 이노센티브(www.innocentive.com)가 탄생하게 되었다.[73]

☑ 문제점 분석

• 기업 및 기관

- 문제해결을 위해 다수의 컨설턴트를 고용해야 함
- 장기간 시간 소요

• 전문가 집단

- 지식을 활용해 추가적인 수익을 원함

☑ 해결방안

- 세계 전문가를 온라인으로 연결해 문제를 해결
- 저비용으로 최적의 문제 해결안을 단시간에 도출

이노센티브는 집단지성 모델을 전 세계 전문가 집단과 기업 및 기관으로 확대한 모델이다. 이노센티브 사이트는 2010년에 오픈했으며, 전 세계 200여 개국에서 제약, 농업, 식품, 화학 분야 등 약 35만 명이 넘는 전문가들을 온라인으로 연결돼 R&D 문제를 해결하고 있다.[74] 즉, 세계적인 과학자나 엔지니어와 같은 우수 인적자원을 직접 대면하지 않고 온라인을 통해 문제를 해결한다. 전문가 집단은 문제 해결을 위해 많은 시간을 사용할 필요가 없으며, 기업에서는 최적의 해결안에 보상금을 지급하기 때문에 저비용으로 조직의 문제를 해결할 수 있다.

질문자인 기업이나 기관, 비영리단체들이 이노센티브에게 문제 해결을 의뢰해 과제를 제시하면 문제 해결 그룹인 전문가들이 해답을 제시한다. 이 과정에서 문제를 해결한 전문가는 보상금을 받아서 좋고, 문제를 의뢰한 기업이나 기관은 저비용으로 최적의 문제 해결안을 단시간에 얻어서 상호 간에 이익이 되는 구조다.

이노센티브의 핵심가치는 세계 전문가를 활용해 조직의 문제를 저렴한 비용과 빠른 시간에 해결할 수 있다는 것이다.

이노센티브의 비즈니스 플로우는 다음과 같다.

서비스 플로우는 먼저 질문자인 기업, 기관, 단체에서 이노센티브에게 해결과제를 의뢰하면, 이노센티브 사이트에 공고가 되고 전문가 집단에서 해결안이 제시한다. 이후 해결안들은 기업에게 전달되며, 기업은 최적의 해결안을 채택한다.

이 과정에서 네이버 지식인의 수익 모델과는 다르게 문제를 의뢰한 기업으로부터 일정한 비용을 받는다. 따라서 캐쉬 플로우는 기업으로부터 수수료와 보상금이 이노센티브에게 제공되며, 최적 안을 제시한 전문가에게는 이노센티브가 보상금을 전달하는 형태다.

[이노센티브의 비즈니스 플로우]

핵심가치(What)	타깃 시장(Who)	수익구조(How)
SS : 저렴한 비용, 빠른 해결 PS : 보상금 수익	SS : 기업, 기관, 단체 PS : 각 분야 전문가	수수료

SS : Solution Seeker
PS : Problem Solver

　현재 국내에도 이노센티브와 유사한 전문가 집단을 활용하는 모델들이 지속해서 생겨나고 있다. 지식을 활용한 집단지성으로 문제를 해결하기 위해서는 전문가 풀(Pool)을 구축해야 한다. 이때 전문가 풀(Pool)은 예능(음악, 연극, 미술 등), 언어(영어, 중국어, 일어 등)와 같이 세분화하는 것이 바람직하다.

이노센티브 집단지성 비즈니스 모델

문제점(Problem)

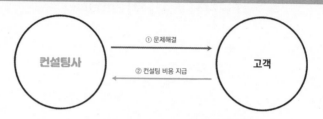

- 다수의 컨설턴트가 장기간 프로젝트에 투여
- 고객사의 시간 및 비용 부담 큼
- 전문가 집단 : 추가적인 수익을 원함

해결방안(Solution)

- 세계 전문가를 온라인으로 연결해 문제 해결
- 저비용으로 최적의 문제 해결안을 단시간에 도출

핵심가치(What)	타깃 시장(Who)	수익구조(How)
SS : 저렴한 비용, 빠른 해결 PS : 보상금 수익	SS : 기업, 기관, 단체 PS : 각 분야 전문가	수수료

SS : Solution Seeker
PS : Problem Solver

역경매 모델 -
프라이스라인 Priceline
공급자가 경쟁하면 가격이 내려간다!

경매는 일반적으로 아파트, 토지 경매와 같이 기준가격이 설정되어 있으며, 구매를 원하는 다수의 구매자가 가격을 제시하면 최고가가 낙찰되는 형태다.

하지만 역경매(Reverse Auction)는 경매와 반대되는 개념으로, 고객이 구매 조건과 가격을 제시하면 가장 낮게 가격을 제시한 공급자에게 낙찰되는 비즈니스 모델이다.

[공급자간 경쟁 – 역경매 모델]

수요자 제안 → 공급자 가격 제시 → 최저가 낙찰

'공급자가 경쟁하면서 가격이 내려간다'는 역발상으로 탄생한 비즈니스가 바로 프라이스라인닷컴(Priceline.com)이다. 프라이스라인은 역경매와 어울리는 슬로건을 사용하고 있다.

Name Your Own Price! [75]

역경매를 이용해 판매할 수 있는 재화는 호텔, 항공권과 같이 시간이 지나면 사용할 수 없어 가치가 하락하는 재화에서 주로 사용된다. 이전에 제시한 타임커머스(Time Commerce)모델에서 사용되는 재화와 거의 동일해 호텔과 고객의 문제점도 유사하다.

☑ **문제점 분석**
 • **호텔**
 – 예약이 안 될 시 객실을 활용하지 못함(시간적 가치 상실)
 • **고객**
 – 최적의 할인 가격으로 호텔 예약을 원함
☑ **해결방안**
 – 역경매를 이용한 할인 된 금액으로 호텔 서비스 제공
 – 실시간 예약 및 결제 서비스 제공

프라이스라인은 중개자로서 고객이 가격 및 여러 조건을 제시하면 공급자들에게 가격을 제외한 고객의 구매조건을 제시한다. 이후 공급자들이 제출한 견적에서 최저가를 선택해 고객에게 제공한다. 결제 이전까지 고객은 어떤 공급자가 선정되는

지 알 수 없다.

프라이스라인을 사용하는 고객은 자신이 원하는 저렴한 가격과 조건으로 호텔을 예약하고, 호텔은 사전에 재고를 처리할 수 있어 상호 간에 이익이 된다. 이와 같이 성공하는 비즈니스 모델은 모든 개체가 서로 이익이 되는 구조가 되어야 한다.

프라이스라인이 제공하는 핵심가치는 역경매를 이용한 여행객의 비용 절감과 호텔의 공실을 최소화해 수익을 증대시키는 것이다. 프라이스라인은 현재 호텔 외에도 여행객에게 필요한 항공권, 자동차 렌탈, 크루즈 등 숙박 및 운송수단을 저렴한 가격에 제공하고 있다.

프라이스라인의 비즈니스 플로우는 다음과 같다.

서비스 플로우는 먼저 고객이 숙박 조건(지역, 체크인·아웃 날짜, 호텔 등급, 가격 등)을 제시하면 프라이스라인이 사이트를 통해 각 호텔에 전달한다. 호텔은 고객의 조건에 맞춰 가격을 제시하게 되는데 이때 최저가로 제시한 호텔이 낙찰받게 된다.

캐쉬 플로우는 낙찰과 동시에 고객의 신용카드에서 호텔비가 결제되며, 프라이스라인에서는 수수료를 제외한 금액을 호텔에게 지급한다. 여기에서 프라이스라인의 수수료는 고객이 제시한 금액에서 호텔이 제안한 금액의 차액이다. 역경매로 낙찰된 사전예약은 역경매 시스템 보호를 위해 원칙적으로 변경이나 취소가 불가하다.

[프라이스라인의 비즈니스 플로우]

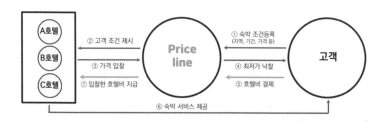

핵심가치(What)	타깃 시장(Who)	수익구조(How)
S : 호텔의 공실 최소화 D : 여행객의 비용 절감	S : 국내외 호텔 D : 관광객	역경매 수수료

프라이스라인 역경매 비즈니스 모델

호텔	고객
예약이 안 될 시 객실을 활용하지 못함 (시간적 가치 상실)	최적의 할인 가격으로 호텔 예약을 원함

해결방안(Solution)

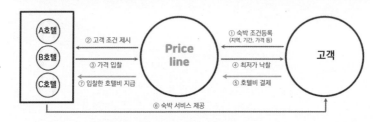

– 역경매를 이용한 할인 된 금액으로 호텔 서비스 제공
– 실시간 예약 및 결제 서비스 제공

핵심가치(What)	타깃 시장(Who)	수익구조(How)
S : 호텔의 공실 최소화 D : 여행객의 비용 절감	S : 국내외 호텔 D : 관광객	역경매 수수료

결제중개 모델 -
PG Payment Gateway
온라인 결제의 중개인

부동산 중개인은 매수자와 매도자 사이를 중개하면서 양 개체의 거래를 활발하게 해주며, 상호 간의 총 거래 시간을 줄여주는 역할을 한다.

부동산 중개인이 없으면 매수자는 스스로 여러 부동산을 찾아다니면서 발품을 팔아야 하며, 정확한 부동산의 권리 분석이 어려워 계약에서도 문제가 발생할 수 있다. 부동산 중개인처럼 온라인에서 거래를 중계해주는 모델이 결제중개인 PG(Payment Gateway)사의 역할이다.

결제중개 모델은 다양한 결제업체를 한 곳으로 모아 결제를 중개(대행)해주는 비즈니스 모델이다. 만약 온라인 쇼핑몰에 결제대행업체가 없다면 어떻게 될까?

오프라인 상점은 직접 고객과 대면하기 때문에 카드 단말기가 없어도 현금으로 거래가 가능하다. 하지만 고객과 대면하지 못하는 온라인 쇼핑몰의 큰 문제에 봉착한다. 온라인 쇼핑몰은 신용카드, 이동통신사, 제품권, 은행 등의 결제기관들과 직접 가맹 계약을 맺어야 하며, 시스템을 구축해 고객과 결제업체 간에 모든 연결을 직접 진행해야 한다.

다음은 PG사가 없을 때의 비즈니스 모델이다.

[PG사가 없을 시 비즈니스 플로우]

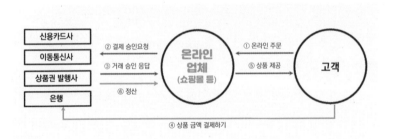

중소형 쇼핑몰에서는 자체적으로 PG 시스템을 구축할 경우에는 거액의 비용과 오랜 시간이 소요되기 때문에 쇼핑몰 자체를 오픈할 수 없게 된다. 더욱 중요한 것은 온라인으로 금전이 오가는 개체 간의 상호 연결을 위해서는 해킹과 같은 보안에 철저히 대비해야 한다.

PG(Payment Gateway)는 영어 해석 그대로 '결제 관문(입구)'으로 결제 서비스를 대신 제공해주는 것을 말한다. 온라인 쇼핑몰은 PG사와 계약하면, 손쉽게 결제시스템 및 네트워크를 구축할 수 있게 되며, 고객이 온라인에서 제품을 구매할 때 PG사에서 제공한 결제창이 생성되어 카드, 계좌이체, 휴대폰, 상품권 등 다양한 방식을 이용할 수 있다.

☑ 문제점 분석
- 자체적으로 결제기관과 거래 연결
- 거액의 비용과 장시간 소요
- 보안 관련 시스템 부족

☑ 해결방안
- 결제업체와 중개할 수 있는 플랫폼 구축
- 빠른 결제 승인 요청 및 응답
- 안전한 보안 시스템

PG사의 핵심가치는 '거래의 효율 극대화'와 보안 시스템을 통한 '거래의 안전성 제공'이다. 이는 채널별 시스템 구축비, 운영비를 절감시키게 되며 제품의 가격을 저렴하게 제공할 수 있다.

만약에 발생할 수 있는 해킹과 같은 보안 문제를 해결할 수 있게 되어 온라인 쇼핑몰들은 거래의 안전성을 보장받게 된다.

PG사의 비즈니스 모델은 다음과 같다.

서비스 플로우는 소비자가 온라인 주문을 진행하면 온라인업체는 PG사에게 결제 승인요청을 신청한다. 이후 PG사는 결제 승인요청을 각 결제기관에 진행하고 거래승인 응답을 받은 후 온라인 업체에 통보하게 된다. 온라인업체는 거래승인이 확인되면 제품을 발송한다.

PG사의 수익은 거래 건별로 꾸준하게 발생된다. 캐쉬 플로우를 살펴보면, 결제기관으로부터 결제대금을 지급받으면, 결제 수수료를 차감한 후 정산 금액이 온라인 업체에게 지급된다.

[PG사의 비즈니스 플로우]

핵심가치(What)	타깃 시장(Who)	수익구조(How)
거래 효율 극대화/ 안전성 제공	온라인 쇼핑몰업체	결제 수수료

거래가 많은 플랫폼이나 쇼핑몰은 자체 PG사를 보유하면 온라인 및 모바일 신규 비즈니스 확장에 유리하고, 지속해서 발생

하는 수수료를 절약할 수 있게 된다. 이러한 이유로 차후 국내시장에서는 대형 카드사와 온라인·모바일 플랫폼을 주축으로 자체 PG사 구축에 대한 욕구는 더욱 커질 것이다.

중개를 통해 수익을 창출하는 모델은 많지만, PG사는 '결제 중개'에 특화되어 있다.

온라인 결제 중개 서비스 비즈니스 모델

문제점(Problem)

– 온라인업체가 직접 결제기관과 거래를 연결해야 함
– 거액의 비용과 장시간 소요
– 보안 관련 시스템 부족

해결방안(Solution)

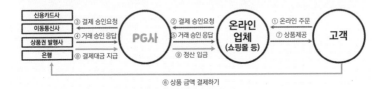

– 결제업체와 중개할 수 있는 플랫폼 구축
– 빠른 결제 승인 요청 및 응답
– 안전한 보안 시스템

핵심가치(What)	타깃 시장(Who)	수익구조(How)
거래의 효율 극대화 거래의 안전성 제공	온라인 쇼핑몰업체	결제 수수료

참고
문헌

ONE
원 페이지 비즈니스 모델
PAGE
BUSINESS MODEL

참고 문헌

1) Levitt, T. (1965) Exploit the Product Life Cycle. Harvard Business Review, 43, 81-94.

2) 한경 경제용어사전
dic.hankyung.com/apps/economy.view?seq=9065

3) 방탄소년단 신곡 사상 최단 시간 만에 유튜브 1억뷰 돌파, 경향신문, 2019.04.14.
news.khan.co.kr/kh_news/khan_art_view.html?artid=201904141428
001&code=960100

4) 작곡가 방시혁이 2005년에 설립한 연예 및 엔터테인먼트 기획사임

5) 하나금융투자, 애널리스트 보고서, 2018.09.

6) 소셜커머스 1년새 200곳 사라졌다, 매일경제, 2011.05.17.
www.mk.co.kr/news/view/business/2011/05/313587/

7) 동문 서칭 사이트로 현재 서비스가 종료됨

8) 세계 최초 웹기반 채팅 서비스를 제공하였지만 현재는 명맥만 유지되고 있음

9) 한때 1,000만 명의 가입자를 보유했지만 2013년 서비스가 종료됨

10) 메신저서비스로 많은 인기를 누렸지만 다른 메신저에 밀려 2012년에 서비
스가 종료됨

11) e-나라지표, 정부연구개발 예산, 2019

12) Chesbrough, H. (2003) Open Innovation : The New Imperative for
Creating and Profiting, from Technology. Harvard Business School
Press, Boston.

13) 구글, 유튜브 1조 6,000억 원에 인수 합의, 한국경제, 2006.10.10.
www.hankyung.com/international/article/2006101032251

14) 페북이 10억 달러에 인수한 인스타 '초대박'… 가치가 무려, 매일경제, 2018.06.26
www.mk.co.kr/news/view/business/2018/06/402556/

15) 키즈노트, www.kidsnote.com

16) 카카오네비, www.kakaocorp.com/service/KakaoNavi
김기사는 카카오에게 인수된 후, 카카오내비로 이름이 바뀜

17) 카닥. www.cardoc.co.kr

18) 셀잇. www.withsellit.com

19) 하이네켄 익스피리언스. tickets.heinekenexperience.com/en/tickets/
regular

20) 엔트로피. www.entrupy.com

21) 에어비앤비. www.airbnb.co.kr

22) 야놀자. www.yanolja.com

23) 여기어때. www.goodchoice.kr

24) 우버. www.uber.com

25) 리프트. www.lyft.com

26) 굿닥. www.goodoc.co.kr

27) 카닥. www.cardoc.co.kr

28) 맘시터. www.mom-sitter.com

29) 올버스. allbus.kr

30) 잭 웰치,《잭 웰치, 위대한 승리》, 청림출판, 2005.

31) 델파이기법은 전문가들의 의견을 종합해 집단적으로 아이디어를 도출하
는 기법임

32) 이노템(Innotem)은 Innovation과 Item 두 단어를 결합해 만들어졌으며, 상
표(40-1326817)에 등록됨

33) 고은빛. www.chococrayon.co.kr

34) 올해 '우수 아이디어제품' 대상에 '초콜릿 크레파스' 선정, 이투데이, 2014.12.19.
www.etoday.co.kr/news/section/newsview.php?idxno=1041071

35) Philip Kotler, Marketing Management Analysis, Planning, Implemen-
tation & Control(9th edition)

36) L. Lessig, Remix : Making Art and Commerce Thrive in the Hybrid
Economy, Bloomsbury Academic, 2008.

37) 모두의주차장. www.moduparking.com

38) 카카오 "톡 광고수익 400% 자신… 모든 사용자에 시범적용", 한겨레, 2019. 6.26.
www.hani.co.kr/arti/economy/it/899385.html

39) Michael E. Porter, "Competitive Advantage", 1985

40) 야놀자, 우리펜션 인수…펜션 예약 최강자 '우뚝', 매일경제, 2019.6.2.
www.mk.co.kr/news/business/view/2019/06/375447/

41) 틱톡. www.tiktok.com

42) 공동데이터 포털. www.data.go.kr

43) 비스타젯. www.vistajet.com

44) 비지니스 제트기 115대로 늘려 글로벌 사업 강화, 글로벌금융, 20108.09.22
www.gfr.co.kr/news/articleView.html?idxno=10114

45) 열린옷장. theopencloset.net

46) 낚시O2O '물반고기반', 시리즈 B 투자 유치 쾌거, SBSCNBC, 2018.10.02
sbscnbc.sbs.co.kr/read.jsp?pmArticleId=10000916560

47) 中공유자전거 오포 파산신청… "보증금 돌려줘" 북새통, 나우뉴스, 2019.2.25
nownews.seoul.co.kr/news/newsView.php?id=20181217601002

48) 자전거공유업계 폭발성장, 중국대륙 제2 자전거물결, 뉴스핌, 2016.12.20
www.newspim.com/news/view/20161220000178

49) 中 최대 공유자전거 오포의 몰락… 실패 원인은? 서울신문. 2019.01.21.
nownews.seoul.co.kr/news/newsView.php?id=20181218601012

50) 나우뉴스, 중국서 실패한 공유자전거, 美 하와이서는 성공한 이유
nownews.seoul.co.kr/news/newsView.
php?id=20190518601008&wlog_tag3=naver

51) The rise of the just-in-time workforce : On-demand work, crow-
dwork, and labor protection in the gig-economy, V De Stefano-
Comp. Lab. L. & Pol'y J., 2015

52) 태스크래빗. www.taskrabbit.com

53) 이케아, 가구조립 등 잡무대행 스타트업 '태스크래빗' 인수. 연합뉴스.

www.yna.co.kr/view/AKR20170929100800009

54) 도어대시를 이용해 수익을 얻고 있는 유튜브 동영상. How I Make $700 EVERY WEEK With DoorDash+Tips For Success. www.youtube. com/watch?v=kqEveDnSvfk

55) 도어대시. dasherhelp.doordash.com

56) 한국경제, 각광받는 음식배달…스타트업 '도어대시', 1년만에 가치 9배, 2019.5.24.
kr.investing.com/news/economy-news/article-185834

57) GM 크루즈 자율주행차, 음식배달 서비스 투입, 노컷뉴스, 2019.1.4.
www.nocutnews.co.kr/news/5084950

58) 돌리버리. www.dolemarket.co.kr

59) 만나박스. mannabox.co.kr

60) 달러쉐이브클럽. www.dollarshaveclub.com

61) 유튜브.
DollarShaveClub.com www.youtube.com/watch?v=ZUG9qYTJMsI

62) 고정관념 밀어버린 '1달러의 기적'… 면도날 배달로 1조 번 이 남자, 한국 경제, 2017. 6.29
news.hankyung.com/article/2017062909621

63) 그림 정기구독 서비스는 12개월에 396,000원(2019년 1월 기준)

64) 핀즐. www.pinzle.net

65) 현대홈쇼핑, 그림 배송 서비스 '핀즐' 선봬, 이데일리, 2018.12.19
www.edaily.co.kr/news/read?newsId=01781046619440160&media CodeNo=257&OutLnkChk=Y

66) 핀즐에서 직접 제품을 배송할 때는 서비스 플로우(Service Flow)가 핀즐에 서 고객으로 이동함

67) 꾸까. kukka.kr

68) 파머스 마켓 : 선물 포장이 필요 없이 원하는 꽃을 반 단, 한 단 단위로 구매
kukka.kr/shop/farmers/

69) 데일리호텔. corp.dailyhotel.co.kr

70) 데일리호텔 해외호텔 모바일 예약 매출 10배 증가, 이데일리, 2018.11.21
www.edaily.co.kr/news/read?newsId=02223846619408016&media
CodeNo=257&OutLnkChk=Y

71) 한경 경제용어사전. terms.naver.com/entry.nhn?docId=2064568&cid
=42107&categoryId=42107

72) 네이버지식인. kin.naver.com, 2019.05.24 기준 누적 답변수

73) 외부자원을 활용해 새로운 제품이나 서비스를 개발하는 것으로 버클리대
헨리 체스브로(Henry Chesbrough)교수가 제시함

74) 이노센티브. www.innocentive.com

75) 프라이스라인닷컴. www.priceline.com

원 페이지 비즈니스 모델

제1판 1쇄 발행 | 2019년 9월 25일

지은이 | 김정곤
펴낸이 | 한경준
펴낸곳 | 한국경제신문*i*
기획제작 | (주)두드림미디어

주소 | 서울특별시 중구 청파로 463
기획출판팀 | 02-3604-565
영업마케팅팀 | 02-3604-595, 583 FAX | 02-3604-599
E-mail | dodreamedia@naver.com
등록 | 제 2-315(1967. 5. 15)

ISBN 978-89-475-4509-9 (03320)